ブルーガイド
てくてく歩き 22

琵琶湖 近江路

目次 てくてく歩き ─ 琵琶湖・近江路

ブルーガイド
22

Contents

大津・湖東

てくちゃん

てくてく歩きシリーズの案内役を務めるシロアヒル。趣味は旅行。旅先でおいしいものを食べすぎてほぼ飛ぶことができなくなり、徒歩と公共交通機関を駆使して日本全国を気ままに旅している。

ひこにゃん　彦根市許諾(無償)
No.C1320086

ひこにゃん

ご存知、滋賀県彦根市のキャラクター。ゆるキャラブームの火付け役と言われるだけに、ブログをもち、ファンクラブまである人気者。彦根藩・井伊家伝来の「赤備え」の兜姿で、彦根城周辺はもとより、全国の地域興しのイベントに西奔東走する。

●宿泊施設の料金は、おもなタイプの部屋の室料(税・サービス料込み)です。食事付きの旅館などの場合は、2名で1室を利用した場合の、1名あたりの最低料金を記載しています。

●各種料金については、税込みのおとな料金を載せています。
●店などの休みについては、原則として定休日を載せ、年末年始、お盆休みなどは省略してありますのでご注意ください。飲食店の営業時間はラストオーダー、観光施設の営業時間は最終入館時刻を示しています。

●この本の各種データは2021年5月現在のものです。これらのデータは変動する可能性がありますので、お出かけ前にご確認ください。

目的地さくいん地図

琵琶湖・近江路を旅する前に、大まかなエリアと注目の観光スポットがどこにあるのか、全体をつかんでおきましょう。

［大津］
滋賀県の県庁所在地で
琵琶湖遊覧もここから
P.29

［比叡山延暦寺］
琵琶湖と京都を見渡せる
天台密教の総本山
P.42

［近江八幡］
趣深い風情の八幡堀や
洋風建築が残る商人の町
P.50

［五個荘］
近江商人の屋敷が並ぶ
伝統的な建築が魅力的
P.63

［彦根］
国宝・彦根城を中心に
歴史散策を楽しみたい
P.68

［長浜］
秀吉ゆかりの城下町
ガラス工芸も人気
P.89

［木之本・高月］
貴重な仏像や古戦場など
歴史遺産が数多く残る
P.100

［堅田］
芭蕉も愛した浮御堂や
名湯・雄琴温泉へ
P.114

N
1:462,000
0　　　　10km

舞鶴若狭自動車道
小浜駅
小浜線
121 熊川宿●
126 朽木
116 びわ湖バレイ●
京都府
115 浮御堂
114 堅田
117 雄琴温泉
76 琵琶湖博物館
比叡山延暦寺● 日吉大社
42 **39** 坂本 **39**
48 琵琶湖遊覧船
34 三井寺
京都駅 **29** 大津
33 浜大津
44 石山寺
44 瀬田の唐橋

34 近江八景・琵琶湖八景の景勝エリア・スポット

39 重要伝統的建造物群保存地区の町並みエリア

29 ぜひ訪れたいエリア・スポット

55 この本で紹介しているエリア・スポット

122 敦賀 ●敦賀駅

福井県

北陸本線

北陸自動車道

近江塩津駅

108 奈呉湖 ●

109 賤ヶ岳

木ノ本駅

木之本 100

奥琵琶湖 118 ● 高月 100

海津大崎 15 ● 小谷城跡 104

岐阜県

伊吹山 1377▲

● 竹生島 99

118 今津 ● 近江今津駅

長浜 89

● 柏原宿 110

安曇川 118

● 醍井宿 110

湖西線

琵琶湖

米原駅

名神高速道路

滋賀県

江高島駅

白鬚神社 119

70 彦根城

68 彦根

多賀大社 74

55 沖島 ●

東名阪自動車道

54 水郷めぐり

63 五個荘

新名神高速道路（建設中）

安土 59

50 近江八幡

● 八日市 66

永源寺 67

三重県

近江鉄道

● 日野 66

草津線

草津宿 78

79 石部宿

● 水口宿 80

甲賀の里忍術村 86

● 土山宿 81

新名神高速道路

82 信楽

信楽駅

信楽高原鐵道

東名阪自動車道

～目線を変えたらこんな湖だった～

新たな琵琶湖を発見する旅へ

写真・文／山本直洋

大津
石山・瀬田エリア

　瀬田川の上空から琵琶湖を望む。真下に見える森には石山寺があり、瀬田川の中ほどに浮かぶ島と結ばれているのが近江八景のひとつ、瀬田の唐橋だ。左手奥は、大津市の中心部である浜大津と呼ばれるエリア。

湖東エリア

　琵琶湖大橋付近から北東方面を望む。湖上左手には琵琶湖最大の島・沖島や、その右手には観音正寺がある繖山を、さらに中央奥に高くそびえる伊吹山も見ることができる。

大きさだけではない
琵琶湖の偉大さに圧倒された

琵琶湖が琵琶の形をしている事を証明できるような、空からの写真が撮りたい。そう思い、琵琶湖の空撮に挑戦した。

しかし数百メートル上がっても湖の全体像はつかめず、その広大さは海を想像させる。ただ、波に洗われる砂浜や断崖がないことに気づくと、ここが湖だと実感する。

あたかも海へ注いでいるかに見える瀬田川は、実は琵琶湖を源流とする川で、やがて宇治川、淀川と名を変え、大阪湾へと流れていく。琵琶湖に抱かれた豊かな水と自然は、湖岸の人々の生活を育むだけでなく、大阪へ至るまでの各地も潤しているのだ。

約400万年前からの地史をもつといわれる"古代湖"琵琶湖。夕日が沈みシルエットになった比叡山の稜線の美しさにも、太古から続く地球の時間の流れを感じた。

山本直洋
（やまもと・なおひろ）
モーターパラグライダーによる空撮を中心に活動する写真家。「Earthscape」と題して、地球を感じる写真をテーマに作品を撮り続ける。TV・CM・映画等の空撮動画撮影も手がける。
http://www.naohphoto.com

9

ベストシーズンカレンダー

	1 JANUARY	2 FEBRUARY	3 MARCH	4 APRIL	5 MAY	6 JUNE

琵琶湖のイベント

エリ漁

雪見船 （1月中旬〜3月上旬・琵琶湖汽船）

冬鳥の最大飛来期 （11月〜2月）

！びわ湖毎日マラソン（3月上旬・大津）

！びわ湖開き（3月第2土曜・大津港沖）

↓海津大崎の桜

←エリ漁

！海津大崎の桜（4月中旬）

！花見船（4月上旬〜中旬・琵琶湖汽船）

近江路のイベント

長浜盆梅展 （1月上旬〜3月上旬）

！左義長まつり（3月14・15日に近い土・日曜・近江八幡）

！山王祭（4月12日〜14日・坂本日吉大社）

！八幡まつり（4月14・15日・近江八幡）

！長浜曳山まつり（4月12日〜17日）

！水口曳山祭（4月19・20日）

！草津宿場まつり（4月下旬）

！日野祭（5月2・3日）

！篠田の花火（5月4日・近江八幡）

！東近江大凧まつり（5月第4日曜）

↑長浜盆梅展

東近江大凧まつり→

花

✿ 梅　　石山寺など

✿ 桜　　琵琶湖疏水、三井寺、海津大崎ほか

大津・湖東は4月上旬、湖北・湖西は4月中旬〜下旬

✿ 比叡山の八重桜 延暦寺西塔

ホンシャクナゲ 日野町・鎌掛しゃくなげ渓

↑ホンシャクナゲ

✿ アセビ　　長浜・大通寺

✿ サツキ 水口・大池寺

1月末〜2月中旬　　！ GW

平均気温

30℃

彦根の平均降水量

彦根の平均最高気温

彦根の平均最低気温

春先、北西の強い季節風「比良おろし」が吹く

	1	2	3	4	5	6
平均最高気温	6.8	7.3	11.0	17.3	22.1	25.7
平均最低気温	0.7	0.8	3.3	8.0	13.1	18.0
平均降水量	106.9	102.2	120.1	114.4	150.2	190.5

※イベント等の開催月日は2017年の例です。　※イベント等の開催月日は変更になる場合があるので各HPなどで事前にご確認ください。

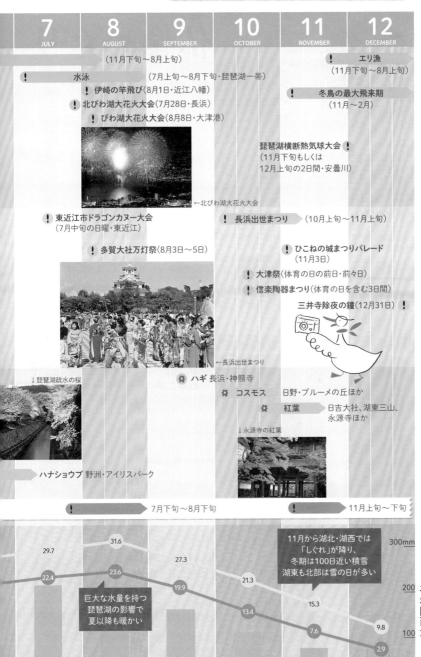

7 JULY	**8** AUGUST	**9** SEPTEMBER	**10** OCTOBER	**11** NOVEMBER	**12** DECEMBER

（11月下旬〜8月上旬）

! エリ漁
（11月下旬〜8月上旬）

! 水泳
（7月上旬〜8月下旬・琵琶湖一帯）

! 冬鳥の最大飛来期
（11月〜2月）

! 伊崎の竿飛び（8月1日・近江八幡）

! 北びわ湖大花火大会（7月28日・長浜）

! びわ大花火大会（8月8日・大津港）

←北びわ湖大花火大会

琵琶湖横断熱気球大会 !
（11月下旬もしくは
12月上旬の2日間・安曇川）

! 東近江市ドラゴンカヌー大会
（7月中旬の日曜・東近江）

! 長浜出世まつり （10月上旬〜11月上旬）

! 多賀大社万灯祭（8月3日〜5日）

! ひこねの城まつりパレード
（11月3日）

! 大津祭（体育の日の前日・前々日）

! 信楽陶器まつり（体育の日を含む3日間）

三井寺除夜の鐘（12月31日）!

←長浜出世まつり

↓琵琶湖疏水の桜

✿ ハギ 長浜・神照寺

✿ コスモス 日野・ブルーメの丘ほか

✿ 紅葉 日吉大社、湖東三山、
永源寺ほか

↓永源寺の紅葉

ハナショウブ 野洲・アイリスパーク

! 7月下旬〜8月下旬

! 11月上旬〜下旬

29.7

31.6

27.3

300mm

22.4

23.6

19.9

21.3

13.4

15.3

9.8

200

巨大な水量を持つ
琵琶湖の影響で
夏以降も暖かい

7.6

2.9

11月から湖北・湖西では
「しぐれ」が降り、
冬期は100日近い積雪
湖東も北部は雪の日が多い

100

217.7

109.0

168.8

115.5

84.5

91.1

0

平均降雨量

湖北の旅のおすすめ
モデルコースを紹介！

湖北の観音・仏像めぐり

湖北には国宝、重要文化財クラスの仏像が多数あり、多くが平安時代頃の歴史あるもの。権力者や大寺院ではなく、集落の人々によって貴重な仏像が今に伝えられている。

高月町コース

「観音の里」長浜市高月町をめぐるコース。JR高月駅東口からコミュニティバス「高月観音号」（予約制、月〜土曜のみ運行、200円）利用で。1時間に1本。休日はレンタサイクルかタクシーが足となる。

JR高月駅（東口・向源寺側）

赤後寺、西野薬師堂、高月観音堂は世話役の方に事前連絡（予約）が必要。問い合わせは長浜観光協会（☎ 0749-65-6521）へ。「高月観音号」の予約は☎ 0749-62-3203（湖国バス長浜営業所）、レンタサイクルは高月総合案内所（p.100）へ。

赤後寺 しゃくごじ

国重要文化財

聖観音立像・千手観音立像

ともに平安初期の作で、国の重要文化財に指定されている。厄を転じて利となす転利（コロリ）観音として親しまれていたが、いつの頃からか、「長患いをせずコロリと極楽往生できる」と信仰を集めるようになった。

📍長浜市高月町唐川
🕐9:00〜16:00（要予約）💴300円（拝観申込みは☎ 090-3164-7486へ）
🅿️5台　地図p.101-A　JR高月駅から🚌「高月観音号」🚏唐川下車🚶5分、レンタサイクルで約15分

聖観音立像　　千手観音立像

高月観音の里歴史民俗資料館

観音の伝来図や観音信仰などの資料を展示、紹介。釈迦苦行像、神像などもある。

☎0749-85-2273　📍長浜市高月町渡岸寺229
🕐9:00〜17:00（入館は16:30まで）
休火曜、祝日の翌日、年末年始　💴300円　地図p.101-B　JR高月駅からC10分　🅿️30台

高月観音堂（大円寺）たかつきかんのんどう（だいえんじ）

市指定文化財 十一面千手観音立像

本尊・十一面千手観音立像は、その構造などからみて室町時代頃の作とされている。寄木造で、像高は154.2cm。戦乱の昔、兵火から逃れて岩上に立たれたと伝えられることから、村人を火災から守る「火除けの観音さま」として信仰を集めている。落ち着いた趣の境内には、松尾芭蕉の句碑などもある。

📞 0749-65-6521
（長浜観光協会）
📍 長浜市高月町高月4
🕐 9:00～16:00（要予約）
💰 300円 🅿 あり
地図p.101-B
JR高月駅から🚶5分

西野薬師堂 にしのやくしどう

十一面観音立像

薬師如来立像

国重要文化財 薬師如来立像・十一面観音立像

平安時代の仏像の特色が顕著な像。目鼻立ちの整った面立ちの薬師如来立像は、薬壺を持たず、阿弥陀如来来迎の印を結んでいる。ふっくらとして穏やかな表情の十一面観音立像は、肩幅も広く、重量感がある。近くには正妙寺の十一面千手千足観音もあり、同時に拝観できるので、参拝したい。

📍 長浜市高月町西野
🕐 9:00～16:00
（予約時のみ開帳）
🈺 月・火曜
💰 500円（拝観申込みは📞090-8938-6369へ）
🅿 7台　地図p.101-A
JR高月駅から🚌「高月観音号」🚏西野下車
🚶すぐ、レンタサイクルで約20分

木之本町コース

JR木ノ本駅が拠点。山に入り、ひっそりした場所に姿を構える仏様を訪ねる。かなり歩くので、ハイキングに適した靴、服装で。

JR木ノ本駅

【参拝について】医王寺の参拝は長浜観光協会北部事務所（📞0749-82-5909）へ問い合わせ。己高閣・世代閣、石道寺は開閉時間内なら常時参拝できる。月曜・冬期休。

医王寺 いおうじ

国重要文化財 十一面観音立像

平安時代の作と伝えられる、クスノキの一木造り。細身のしなやかな体つき、伏し目がちの眠っているような細い目、薄く結んだ唇が印象的で、古来から「乙女のよう」と評されている。

医王寺の観音堂

📞 0749-82-5909（長浜観光協会北部事務所）
📍 長浜市木之本町大見
🕐 9:00～16:00
🈺 12～2月 🅿 あり
💰 300円（要予約）
地図p.133-C
JR木ノ本駅から🚌湖国バス金居原行き15分
🚏川合下車🚶40分

※新型コロナウイルス感染症拡大防止のため、拝観休止の寺院が多いので、訪問する前に確認してください。

己高閣・世代閣 <small>ここうかく・よしろかく</small>

 国重要文化財 **十一面観音立像**

平安後期の作といわれている、鶏足寺のご本尊。世代閣には戸岩寺の薬師如来、十二神将三躯（ともに国重要文化財）ほかの寺宝を収蔵。両方合わせて90体以上の仏像が安置されている。

己高閣

世代閣

☎ 0749-82-2784
📍 長浜市木之本町古橋
🕘 9:00～16:00
休 月曜、年末～2月
Ⓟ 100台
💰 両方で500円
地図p.101-B
JR木ノ本駅から🚌湖国バス金居原行き13分
📍古橋下車🚶5分

古橋バス停から5分ほど

石道寺 <small>しゃくどうじ</small>

十一面観音立像 **国重要文化財**

平安時代中期の作。唇には紅色が残り、ほのかな温もりを感じさせる。井上靖がその眉目流麗な面立ちやお姿を「村娘」と讃えたように、とても愛らしい。持国天、多聞天（ともに国重要文化財）も見事。

☎ 0749-82-3730
📍 長浜市木之本町石道
🕘 9:00～16:00
休 土・日曜・祝日のみ拝観可能、年末～2月冬期休館
💰 300円 Ⓟ あり
地図p.101-B
JR木ノ本駅から🚌湖国バス金居原行き12分
📍井明神下車🚶8分

観音寺（黒田） <small>かんのんじ</small>

本尊の千手観音（一説には准胝観音）立像は国の重要文化財に指定されている。伝教大師（最澄）の作と伝わる。

📍 長浜市木之本町黒田　地図p.101-A　JR木ノ本駅から🚶15分　参拝は長浜観光協会北部事務所（☎0749-82-5909）へ要問い合わせ Ⓟなし

鶏足寺（旧飯福寺） <small>けいそくじ　きゅうはんぷくじ</small>

かつて己高山山頂付近にあったが、昭和8（1933）年に焼失。諸仏は己高閣に移された。現在は別院の飯福寺を鶏足寺と呼び、紅葉の名所として知られる。

📍 長浜市木之本町古橋　地図p.101-B
JR木ノ本駅から🚌湖国バス金居原行き13分📍古橋下車🚶15分

西浅井町コース

味わい深い仏様が多い西浅井町を巡るコース。湖国バスの菅浦線が主な足となる。塩津地区には特産物販売所・食事処の「奥びわ湖水の駅」(火曜休)がある。

JR永原駅

【参拝について】
あくまでも地域の信仰の対象なので、常識的な時間に訪れ、寸志を納めよう。お寺側の都合で拝観できないこともあるので、基本的に各寺院へ事前に連絡(予約)を。問い合わせは長浜観光協会北部事務所(☎0749-82-5909)へ。

和蔵堂(善隆寺) わくらどう(ぜんりゅうじ)

十一面観音立像

国重要文化財

平安時代後期(10世紀)の作で、質素ながら上品な一木造り。頭上に頂上仏面と十の化仏を配し、天台冠をつけている。重要文化財指定の阿弥陀仏の仏頭も和蔵堂に収められている。

善隆寺境内に和蔵堂がある

- ☎0749-89-0604
- 📍長浜市西浅井町山門964
- 拝観要予約　Pあり
- 地図p.133-C
- JR永原駅から🚌湖国バス木ノ本駅行き5分
- ♀山門下車🚶5分

徳円寺 とくえんじ

馬頭観音立像

県指定文化財

のどかな集落の外れにある

鎌倉時代の作品。頭上に馬頭を配し、三面六臂、三目で牙を持ち、観音像としては珍しい憤怒の形相を見せる。馬、ひいては交易の守り神とされる。

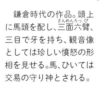

- ☎0749-89-0209
- 📍長浜市西浅井町庄1083
- 拝観要予約　P10台
- 地図p.133-C
- JR永原駅から🚌湖国バス木ノ本駅行き7分
- ♀殿村下車🚶7分

蓮通寺

平安時代後期の大日如来像をはじめ、さまざまな仏像を納めている。親鸞直筆の法宝物もある。境内からは塩津が一望の下。

- ☎0749-88-0713　📍長浜市西浅井町岩熊543
- 地図p.133-C　Pあり
- JR永原駅から🚌湖国バス木ノ本駅行き13分♀岩熊下車🚶3分

隠れ里・菅浦と名勝・海津大崎

菅浦は葛籠尾崎の静かな漁村。奈良時代に淳仁天皇が行宮「保良の宮」を建て、御廟跡と伝わる須賀神社がある。海津大崎は桜の名所として知られ、季節には観桜ツアー船も出る。海津、今津、塩津は湖北三津の宿場として栄え、今も古い町並みが残る。

菅浦／地図p.133-G
JR永原駅から🚌湖国バス菅浦行き25分、終点下車
海津大崎／地図p.132-F
JRマキノ駅から🚶1時間

豊かな自然と歴史に培われた味覚

琵琶湖・近江路 湖国のグルメ

滋賀県は肥沃な平野と、変化に富んだ気候、
そして、何より固有の水産物の豊富な琵琶湖によって
多様なグルメを育んできた。湖国が誇る食を存分に味わおう。

歴史ある食文化の味 近江牛

近江牛の歴史は江戸時代まで遡る。1639（寛永16）年、将軍家光がキリスト教を禁止した後、牛肉食の文化は一度途絶えた。しかし彦根藩は太鼓製作の目的で、牛を殺すことが認められた唯一の藩であったため、牛革を取ったあとの、建前上は"余った"肉を、「養生薬」の名目で将軍へ献上していた。

明治維新後は、麦などの裏作として飼料に恵まれた蒲生、神崎、愛知の3郡を中心に肉牛の飼育生産が広まる。「霜降りが豊か」「肉の香りがよい」といった特徴をもつ近江牛は、近江商人によって広がり、今もグルメファンをうならせ続けている。

ココがポイント！

口いっぱいに広がる
まろやかな風味！

→霜降り肉が見事なすき焼き

←石焼で豪快にいただく

浜大津
近江・かど萬
おうみ・かどまん

創業125年の歴史を誇り、伝統的な飼育法で育てられた雌牛だけを使用している、老舗の近江牛専門店。ステーキは肉の旨みを堪能できるように、石焼にして当店オリジナルのポン酢であっさり食べる。人気は特選近江牛ステーキコース（7700円〜）、すき焼き、しゃぶしゃぶ（ともに8800円〜）など。

📞 050-3786-2903　📍 大津市中央1-7-35
🕐 17:00〜21:00（土・日曜・祝日は11:00〜）
🚫 水曜　🅿 なし　www.kadoman.net
地図／p.34-B　京阪びわ湖浜大津駅から🚶3分

せんなり亭伽羅 彦根
せんなりていきゃら

肉の旨みでは最高といわれる、生後36ヶ月前後の未出産の若い雌牛だけを使った料理が味わえる店。昼の限定メニュー、近江牛肉鉄火井御膳（2970円）は、表面をさっと炙った牛肉をご飯の上に乗せ、特製だしが入ったトロロをかけて食べる。柔らかい肉の旨みと和風の味付けが絶妙だ。一人鍋のすき焼き鍋御膳（並・2750円）も好評。

🎵 0749-21-2789
📍 彦根市本町2-1-7
🕐 11:30〜14:30、17:00〜20:30
休 火曜（祝日の場合は営業）
🅿 10台
地図／p.72-D
JR彦根駅から🚶15分

ココがポイント！

和風にマッチした牛肉の贅沢な味わい

↑前菜、季節の品が付く肉鉄火井御膳

湖国のグルメ／近江牛

近江牛のおみやげ品＆駅弁

おみやげ品

冷蔵設備がなかった頃、近江牛は加工品として賞味されていた。その時代の代表的な食べ方は干し肉と味噌漬け。その後、生肉の流通によってすたれたが、戦後、せんなり亭伽羅が、これらの伝統的な調理法に注目し、現代に再現した。それが新幹線米原駅の開業がきっかけとなって、おみやげ品として広く知られるようになったという。手頃な値段で、ひと味違う近江牛を楽しめる。

「せんなり亭伽羅」の干肉／1箱1080円

駅弁

風格あるお店は敷居が高くて…という向きには、手軽に近江牛を味わえる駅弁はいかが？ 米原駅構内で駅弁を販売する井筒屋（🎵 0749-52-0006）では「近江牛大入飯」（1150円）が人気。カレー風味のご飯の上に、独特のタレやワインなどで洋風に味付けした肩ロースの切り落としがトッピングされている。

米原駅の井筒屋売店

琵琶湖特産珍味 ふなずし

「ふなずし」は日本の寿司の原形ともいわれる「なれずし」の一種。琵琶湖特産のニゴロブナをご飯と一緒に漬け込んで自然発酵させ、その時に発生する乳酸で腐敗を抑えたもので、貯蔵用食品としての寿司本来の形を今に伝えている。しかし十数年ほど前から、ニゴロブナが激減。今や貴重品だ。

現在、ふなずしは時価。ニゴロブナで1匹5000円ぐらいからが目安だが、重さによって値段は変わる。他のフナを使ったものだと、安価になる。

ココがポイント！

見た目も美しく豪華なふなずし

瀬田シジミなどの佃煮

至誠庵
しせいあん

石山寺

石山寺門前にある店。琵琶湖特産のニゴロブナを使ったふなずしや琵琶湖で獲れた湖魚の佃煮などを製造販売する。春は、ホンモロコ、シジミ、鰉（ヒガイ）、夏は黄金鰻、手長えび、えりじゃこ。秋は子持ち鮎、いさざ、えび豆、冬は寒モロコ、すっぽん（丸鍋）、氷魚（ヒウオ）、わかさぎなどがある。なかでも無添加・手づくりで炊いたシジミ（100g540円）は大変おいしく、人気が高い。地方発送も可能。

☎ 077-534-9191
📍 大津市石山寺3-2-30
🕐 10:00〜17:00
🚫 不定　🅿 なし
地図／p.45
京阪石山寺駅から🚶10分

本書で紹介している魚料理店
石山門前志じみ茶屋湖舟（しじみめし p.47）
西友本店（うなぎほか p.121）

ふなずしの作り方・食べ方・保存法

［作り方］

琵琶湖の固有種「ニゴロブナ」を使い、晩春から初夏にかけて作る。

①ていねいにウロコとエラを取り除く。

②専用の針金で、卵を残し、口から内臓を取り除く。

③②のフナを塩漬け（塩切り）にして3ヶ月〜1年間置く。

④③を洗って塩抜きし、炊いた江州米をエラから頭の部分に詰める。これをご飯と交互に桶の中に重ねて漬ける。

⑤落し蓋をして、重しを乗せ、3ヶ月〜1年間、保存し発酵を待つ。

⑥発酵して柔らかくなれば、食べ頃。乳酸が保存剤になり、風味をもたらす。

［食べ方］

ふなずしに付いている発酵したご飯を包丁の背中などで取り除き、できるだけ薄く切る。その際、水洗いはしない。

そのまま食べていいが、食べ慣れていなければ、みりん、二杯酢、醤油などをつけると食べやすくなる。また、椀の中へ、頭、尾、切り身などを入れ、熱湯か昆布だしを注ぎ、薄口醤油などで味を整えて、吸い物にすると、格別。

ふなずしに付いているご飯は、乳酸菌による整腸作用から、近江では胃薬としても用いられている。

［保存法］

ご飯を付けたままラップなどで密封して、冷蔵庫で保存する。時間がたつと風味が失われるので、できるだけ早く食べた方がよい。

琵琶湖を代表する味
鮎

もうひとつ琵琶湖で有名なのは鮎。全国で放流される稚鮎の大半は琵琶湖産だ。鮎と並んで、モロコ、手長えびなど当地ならではの貴重な珍味も。

彦根

あゆの店きむら京橋店

彦根の夢京橋キャッスルロード沿いにある鮎の専門店。琵琶湖で獲れた天然の小鮎の佃煮が看板メニュー。本店の裏の池で育てた大きな鮎の姿煮もあり、奥の食事スペースでは、あゆ雑炊が味わえる。おすすめは、あゆ雑炊にあゆの塩焼きが付いたあゆ雑炊膳（1650円）。

小鮎の佃煮

📞 0749-24-1157
📍 彦根市本町2-1-5
🕐 10:00〜17:00、
　食事は11:00〜14:30
🈲 火曜　P 2台
地図／p.72-D
彦根駅から🚶20分

琵琶湖・近江路 湖国のグルメ

絶景＆癒やしの カフェ＆スイーツ

日本一の湖、琵琶湖を眺めながら、ゆったりとティータイム。時間さえ静かにゆっくり流れるような湖畔のカフェで、雄大な景色と癒やしのひとときを楽しんで。

琵琶湖ホテル カフェ ベルラーゴ
浜大津

琵琶湖ホテルの2階にあるティーラウンジ。吹き抜けの開放感ある空間には自然光が差し込み、穏やかな琵琶湖と比叡・比良の山並みが極上の時間を提供してくれる。お好きなケーキとドリンクが一緒になったセット（1400円）がおすすめ。

♪ 077-524-1225
📍 大津市浜町2-40
琵琶湖ホテル2F
🕐 10:00〜17:00（LO16:30）
休 無休　P 155台
地図／p.34-B
京阪京津線びわ湖浜大津駅から🚶5分

浜大津
なぎさWARMS
なぎさウォームズ

琵琶湖岸に整備されたなぎさ公園内にあるカフェ。テラス席の目の前には芝生の広場と琵琶湖が広がり、爽快！2階には座敷もあり、窓際のカウンター席からの景観も抜群だ。県内産の有機野菜を使ったナチュラルフードが人気。

←国産有機米粉を使った
シフォンケーキ／638円
有機ハーブティ／528円

↑（左）モンブラン／770円　（右）季節のショートケーキ／770円（※写真はイメージ。また、メニュー内容は変更となる場合があります）

♪ 077-526-8220
📍 大津市打出浜15-5
🕐 11:00〜17:00
休 木・金曜　P なし
地図／p.35-C
JR膳所駅から🚶15分、または
京阪石山坂本線石場駅🚶5分

mado cafe
マドカフェ

眼前に広がる琵琶湖を眺めながら、地元農家の新鮮な食材を使ったヘルシーなスイーツやランチを楽しめる。無農薬の滋賀産小麦を使用したワッフルは、好きなアイスクリームをのせて。

📞 077-525-5516
📍 大津市島の関14-1大津市民会館2F
🕐 11:00～17:00（土・日曜・祝日は18:00まで）
🈺 月・第2・3火曜 🅿 なし
地図／p.34-B
JR大津駅から🚶10分

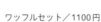

ワッフルセット／1100円

ケーキセット／950円

ベル ヴァン ブルージュ

波打際のテラス席からは停泊するヨットや対岸までが一望でき、気分はリゾート。おすすめはドリンクが付いたワッフルセット1100円。ケーキセットとアイスクリームセットは各950円。

📞 077-511-4180
📍 大津市柳が崎5-35 びわ湖大津館1階
🕐 10:00～21:00（カフェ＆デザートは～17:00）
🈺 無休 🅿 70台
地図／p.32-C
JR湖西線大津京駅から🚶15分

湖国のグルメ／カフェ＆スイーツ

滋賀でなごむ 甘味処

豊かな自然と歴史が織りなす風土そのままに、滋賀の和スイーツは滋味にあふれ、どこかおおらかだ。それぞれに趣に富んだ店内でいただくと、心がゆるりとなごんでくる。

彦根 和菓子処 さわ泉
わがしどころ さわせん

厳選素材を用い、少量ずつていねいに作られる銘菓揃い。だんごセットは店頭に並ぶ11種類から好きな3本をチョイスでき、彦根城を眺めながらの一服は格別。

↓パリッと香ばしい、みたらしだんごが付いただんごセット／550円

☎ 0749-27-3030
📍 彦根市佐和町1-7
🕐 10:00～18:00（12～2月は17:00まで）
🈺 無休（年末12月下旬～年始1月上旬頃休）
🅿 3台　地図／p.72-E
JR彦根駅西口から🚶10分

大津 八女茶・喫茶・雑貨の店 伽藍堂
からんどう

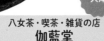

八女茶の香り漂う隠れ家的なお店。人気のクリームあんみつは、緑茶の味が濃縮されたアイスや蜜と、品のよい甘さの餡が絶妙にからむ。添えられる、店で炒った冷たいほうじ茶も美味！

☎ 077-537-7433
📍 大津市松原町9-29
🕐 10:00～16:00
🈺 月・火・水曜（ほか不定休あり）
🅿 なし　地図／p.45
JR石山駅から🚶5分

分福茶屋
ぶんぷくちゃや
長浜

明治時代の商家を改装した甘味処。看板商品の「ぶんぷく餅」は、あんこを近江産もち米で作った餅で包み、店内で一つずつ丁寧に焼き上げた一品。手作りのみつ豆とどうぞ。

←店内で丁寧に焼き上げたぶんぷく餅とみつまめの「分福セット」／715円

- ☎ 0749-62-0243
- 📍 長浜市元浜町7-13
- 🕐 9:30〜17:30（11〜3月は17:00まで）
- 🈺 火曜 🅿 なし
- 地図／p.94-B
- JR長浜駅から北東へ🚶5分

叶 匠壽庵 寿長生の郷
かのうしょうじゅあん すないのさと
大津

丘陵地にある約6万3000坪もの敷地には、お食事処、お茶席、甘味処があり、和菓子を含めた日本の伝統文化と四季折々の里山の風景を心行くまで堪能できる。

- ☎ 077-546-3131
- 📍 大津市大石龍門4-2-1
- 🕐 10:00〜17:00（お茶席〜16:00）
- 🈺 水曜（祝日は営業。3・11月は無休）
- 🅿 50台 地図／p.130-I
- JR・京阪石山駅から無料送迎バスで30分

→丹波大納言あずきをじっくり炊き上げたぜんざい／880円

たねや 日牟禮茶屋
たねや ひむれちゃや
近江八幡

日牟禮ヴィレッジ内にあり、囲炉裏のある店内では、おばんざいや甘味が楽しめる。粒餡を包んだ餅を、香ばしく焼き上げたつぶら餅は、少し疲れた散策後にぴったり。

- ☎ 0748-33-4444
- 📍 近江八幡市宮内町
- 🕐 10:00〜17:00（LO16:30）
- 🈺 無休 🅿 15台
- 地図／p.53
- JR近江八幡駅から🚌近江鉄道バス長命寺行き8分🚶大杉町下車🚶2分

ココがポイント！

もち米は地元近江の滋賀羽二重糯を使用

↑つぶら餅（2個）／160円

旅する前に知っておこう！

近江路への移動のヒント

琵琶湖・近江路へのアクセスは、大阪、京都からのJRを中心に考えよう。琵琶湖を一周するように走っていて、各観光地へスムーズに到達できる。

 HINT

近江路へのアプローチはJRで

メインとなる交通機関はJRの各線、特に神戸、大阪、京都方面からは新快速が直通運転している東海道本線（琵琶湖線）と湖西線。近江八幡（駅からバス利用）を除く主要な都市は、駅が観光スポットに近いので便利だ。米原には新幹線の駅があり新大阪〜米原の利用もできるが、料金や乗り換えを考えると新快速の方がリーズナブルだ。東京方面から湖東、湖北方面へは「ひかり」を利用、米原が玄関口となる。大津や湖西へは「のぞみ」に乗り、京都で乗り換えが便利。

 HINT

エリア内の移動は新快速

主なエリア（京都〜大津〜草津〜近江八幡〜彦根〜米原〜長浜）を結ぶのは、JR東海道本線。この区間は「琵琶湖線（愛称）」と呼ばれ、駅の案内などもこの表示。琵琶湖線へは、神戸、大阪方面から列車が直通で運行されている。移動の主力は「新快速」。2人掛けのロマンスシートだが、特別料金は不要の快速列車だ。滋賀県下の主要な市をスピーディに結び、福井県の敦賀まで運行している。

近江路観光の問い合わせ先

〈大津〉
びわこビジターズビューロー
滋賀県大津市打出浜2-1
コラボ滋賀21 6F
☎077-511-1530
〈東京〉
ここ滋賀
東京都中央区日本橋
2-7-1
☎03-6281-9871

循環バスも活用しよう

JRのどの線も概ね30分に1本は列車が走るが、永原〜近江塩津、木ノ本〜敦賀のように1時間に1本程度の区間もある。湖北や湖東方面は、路線バスの本数が少なく不便に感じることもあるので、レンタサイクルやタクシー利用も考慮しよう。観光シーズンに運転される「循環バス」（p.88参照）も活用したい。格安なバスツアーも利用価値がある。

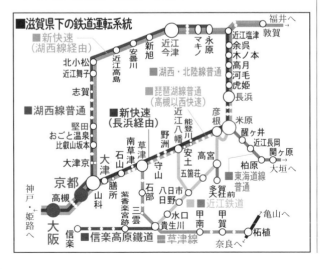

■滋賀県下の鉄道運転系統

湖西エリア
→ p.112

歴史的文化財も点在するが、豊かな自然を活かしたウインタースポーツやレジャー施設も多いエリア。

湖北エリア
→p.88

戦国乱世の舞台となった土地や歴史を見守ってきた古仏とともに、素朴な自然が残る注目のエリア。

大津・湖東エリア
→ p.28

今も昔も東西交通の大動脈が通り、物や文化の交流の中で育まれた近江商人の精神が息づくエリア。

近江八景・琵琶湖八景
　琵琶湖・近江路の代表的な景勝地。近江八景は左図参照。

●近江八景
三井の晩鐘／石山の秋月／堅田の落雁／粟津の晴嵐／矢橋の帰帆／比良の暮雪／唐崎の夜雨／瀬田の夕照

●琵琶湖八景
夕陽─瀬田石山の清流
煙雨─比叡の樹林
涼風─雄松崎の白汀
暁霧─海津大崎の岩礁
新雪─賤ヶ岳の大観
月明─彦根の古城
春色─安土八幡の水郷
深緑─竹生島の沈影

近江路への移動のヒント

HINT

現地発着ツアーを利用する

　花と新緑といった季節ならではの風物や珍しい体験が組み込まれたツアーが催行されているので、面白い体験ができる。

花と新緑の名所を旅する	JR長浜駅西口 9:45 →伊香具神社→賤ヶ岳古戦場→己高庵（昼食）→鶏足寺→総持寺→JR長浜駅 ●3500円（昼食込）／2021年4月29日／参加料大人3500円／所要約5時間30分
鉄道旧北陸線トンネル群を行く！明治鉄道浪漫をめぐる旅	JR長浜駅西口 9:45→長浜鉄道スクエア→中ノ郷駅跡→柳ヶ瀬トンネル（車窓）→小刀根トンネル→敦賀赤レンガ倉庫→旧敦賀駅舎→日本海さかな街（昼食）→旧北陸線トンネル群→今庄まちなみ情報館→JR長浜駅西口 ●4000円（昼食ミールクーポン込）／2021年5月15日、6月6日／参加料大人4000円／所要7時間40分
いかごの里で糸取り見学と古民家昼食	JR長浜駅西口 10:15→佃平七糸取り工房→長治庵（昼食）→土倉鉱山→余呉湖あじさい園→JR長浜駅 ●4000円（昼食込）／2021年6月26日／参加料大人4000円／所要5時間30分

＊各コース2021年のもの。ほかにも多数のツアーがある。
　問い合わせは長浜観光協会 ☎0749-65-6521へ。https://kitabiwako.jp/tour

琵琶湖・近江路年表

	西暦(年号)	出来事
古代	約400万年前〜約40万年前	現在の伊賀地方に古琵琶湖が誕生。以後、次第に北上し、約40万年前、ほぼ現在の姿となる。
	前6500年頃(縄文早期)	粟津湖底遺跡、葛籠尾湖底遺跡などが形成される。
	3世紀前半頃(弥生後期)	野洲市大岩山に銅鐸24個が埋められる。
奈良時代	667(天智6)	天智天皇、大津京に遷都。(→下段Ⓐ、p.40)
	672(天武1)	壬申の乱。勢多(瀬田)橋の決戦で近江軍敗れる。(→下段Ⓑ、p.44)
	742(天平14)	聖武天皇、紫香楽宮の造営を開始。(→p.82)
	747(天平勝宝1)	石山寺創建。(→p.44)
平安・鎌倉・室町・戦国時代	788(延暦7)	最澄、比叡山に一堂を建立。823年に延暦寺となる。(→p.42)
	859(貞観1)	円珍、園城寺(三井寺)を再建。(→p.34)
	1184(元暦1)	木曽義仲、源義経に攻められ粟津で敗死。(→p.46)
	1187(文治3)	このころ佐々木定綱、近江守護となる。(→下段Ⓒ)
	1338(建武5)	京極(佐々木)道誉、近江守護となり、足利方として活動。(→下段Ⓒ)
	1361(康安1)	永源寺創建。(→p.67)
	1487(長享1)	将軍足利義尚、六角氏討伐軍を率いて出陣。甲賀忍者が活躍。(→p.86)
	1528(享禄1)	将軍足利義晴、京都から朽木へ逃亡。(→p.126)
安土・桃山時代	1568(永禄11)	織田信長、足利義昭を奉じて近江へ侵攻。観音寺城攻略。六角氏滅亡。(→下段Ⓒ)
	1570(元亀1)	姉川の合戦。
	1571(元亀2)	織田信長、比叡山を焼き討ち。
	1573(元亀4)	小谷城落城し、浅井氏滅亡。(→p.104)翌年羽柴秀吉、長浜に築城。(→p.92)
	1576(天正4)	安土城の築城始まる。(→p.60)
	1582(天正10)	本能寺の変。安土城炎上。
	1583(天正11)	賤ヶ岳の合戦。(→p.107)
	1585(天正13)	豊臣秀吉の甥秀次、八幡山に築城。(→p.55)この頃より近江商人の活躍始まる。
江戸時代	1600(慶長5)	関ヶ原の合戦。
	1601(慶長6)	東海道伝馬の制度定まり、宿場ができる。(→p.78)
	1603(慶長8)	彦根城の築城始まる。(→p.70)
	1648(慶安1)	藤樹書院設立。(→p.119)
	1755(宝暦5)	雨森芳洲死去。(→p.101)
	1860(万延1)	桜田門外の変。彦根藩主、大老井伊直弼暗殺。
明治〜現代	1872(明治5)	滋賀県成立。
	1882(明治15)	北陸線・敦賀〜長浜開通し、長浜駅開業。(→p.92)
	1850(明治33)	琵琶湖第1疏水完成。(→p.36)
	1934(昭和9)	旧・琵琶湖ホテル(現・びわ湖大津館)開業。(→p.36)
	1950(昭和25)	琵琶湖を日本最初の国定公園に指定。
	1993(平成5)	琵琶湖、ラムサール条約に登録。

大津京から戦国まで近江路歴史ミニ知識

Ⓐ大津京
667年、中大兄皇子(天智天皇)は都を飛鳥から大津へ遷し、即位した。日本最初の法令や戸籍を作るなどの業績を残すが、死後壬申の乱が起き、大津京は廃された。現在、近江神宮付近に遺跡が残る。(→p.40)

Ⓑ蒲生野
額田王が「あかねさす紫野行き標野行き野守は見ずや君が袖ふる」と大海人皇子(天武天皇)に贈った歌の舞台は八日市周辺。東近江市船岡山からは万葉人が狩りを楽しんだ蒲生野を望める。(→p.67)

Ⓒ佐々木氏
鎌倉時代より近江守護をつとめた豪族。後に、同氏の六角・京極の二流が近江を支配。六角氏は織田信長の侵攻で滅んだが、京極氏は大名として維新まで命脈を保った。安土町観音寺城跡は六角氏の居城。(→p.62)

※湖族
中世の琵琶湖には、湖上の交通権を支配し、巨大な富を得た堅田湖族がいた。堅田千軒といわれる繁栄は江戸時代まで続き、居初家の天然図絵亭などにその歴史が偲ばれる。(→p.114)

大津
湖東

大津・湖東はじめの一歩

滋賀・近江路は、各地にそれぞれの魅力がある。
県庁所在地である大津はもちろん、まずは湖東エリア。
湖から山へ、彦根城を中心に散策にはもってこいの地域だ。

！HINT 大津・湖東の魅力を知る

　近江でも、大津から彦根付近までの琵琶湖の東南を、地元では「湖東（ことう）」と呼ぶ。古くは東海道、中山道、今は新幹線など日本の東西の大動脈が通過し、あらゆる人々が太古から行き交ってきた。そのため、たびたび歴史の舞台にも上り、大津京や安土城の時代のように、国の政治の中心だったこともある。

　城下町の彦根を除けば、ほとんどが商人の町や宿場町。京都に近く、関西文化圏に属すものの、各地の文化が流入し、独特の雰囲気がある。湖東の北西側は広々とした平野で、日野、水口付近から南は丘陵地帯、永源寺、信楽（しがらき）あたりになると山あいの気配が強い。

！HINT 中心ターミナルとなるびわ湖浜大津を知っておく

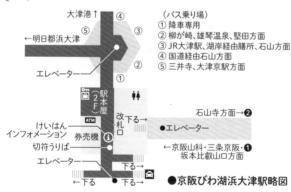

大津港↑　④

（バス乗り場）
① 降車専用
② 柳が崎、雄琴温泉、堅田方面
③ JR大津駅、湖岸経由膳所、石山方面
④ 国道経由石山方面
⑤ 三井寺、大津京駅方面

⑤
←明日都浜大津

エレベーター

駅弁屋 2F
ATM
けいはん
インフォメーション
切符うりば
エレベーター
←下る
券売機
①
改札口
下る→
下る→
下る→

石山寺方面→❷
●エレベーター

←京阪山科・三条京阪・❶
坂本比叡山口方面

●京阪びわ湖浜大津駅略図

！HINT 大津・湖東をまわる順のヒント

　主要路線はJR琵琶湖線（東海道本線）で、草津から甲賀方面へ草津線が分岐。日野・五個荘方面へは近江鉄道が走る。交通の便はよい地域で、一部のローカル区間を除いて、30分に1本以上の便があり、湖東各エリア間の移動はスムーズにできる。あまり細かいスケジュールを決めなくても、まわれるエリアだ。

行き方・帰り方のアドバイス

　東海道新幹線がエリア内を走るが、駅は米原のみ。関西からは新快速が直通し、新幹線を使うほどではない。西日本からは、京都でJR琵琶湖線乗り継ぎが便利。東日本方面からは、米原でJR琵琶湖線に乗り継ぎ。大津〜京都は10分なので、一度京都まで行き、戻ってもよい。京都なら「のぞみ」も停車する。

　京都・三条京阪〜びわ湖浜大津の京津線（けいしん）（御陵駅（みささぎ）から西は地下鉄東西線に乗り入れ）と、石山寺〜びわ湖浜大津〜坂本比叡山口と走る石山坂本線（通称は石坂線（いしざか））が接続し、北側にはバスターミナルと琵琶湖遊覧船の乗り場となる大津港が隣接している。

　大津〜彦根は新快速で約40分。長期間の旅なら、町を泊まり歩かずに、拠点とする町をひとつ決め、そこから毎日各地へ足を延ばすのもいい。

大津

近江の中心地、京都への玄関口でもある湖畔の町

　大津は琵琶湖の南西端に位置し、湖に沿って細長く市街地が続く。北国から京都へ、琵琶湖の水運を使って運ばれる物資の水揚げ港として古くから栄えた。浜大津を中心に、北に比叡山・坂本、南に瀬田の唐橋がある石山と、観光エリアは大きく3つに分かれる。

 HINT

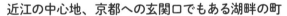
大津方面への行き方

　京阪神からはJRの新快速が便利だが、膳所は通過するので大津で乗り換え。浜大津へは山科で京阪京津線に乗り換え。坂本へは湖西線直通の新快速で。ただ観光地へは遠いので、びわ湖浜大津経由京阪石坂線利用か、大津京で下車して隣接する京阪大津京から石坂線利用でもいい。

● 京阪石坂線
びわ湖浜大津〜坂本比叡山口
＝所要16分／240円

JR新快速・普通4〜5本／時
● JR
大阪〜大津＝所要40〜45分／990円

● JR〜京阪京津線
大阪〜山科〜びわ湖浜大津＝所要約1時間／1100円

京阪石坂線
7〜9本／時

京阪京津線
3〜5本／時

大阪〜石山＝所要43分／990円

● 京阪石坂線
石山〜石山寺＝所要4〜5分／170円

京阪特急
6〜7本／時

JR新快速・普通
6〜9本／時

大阪〜膳所＝所要47〜54分／990円

行き方・帰り方のアドバイス

　新快速のうち大阪00、30、45分発が大津停車。15分発は湖西線直通。

観光・交通の問い合わせ

びわ湖大津観光協会
♪077-528-2772
大津駅観光案内所
♪077-522-3830
石山駅観光案内所
♪077-534-0706
坂本観光案内所
♪077-578-6565
京阪電鉄お客さまセンター
♪06-6945-4560
京阪バス大津営業所
♪077-531-2121
近江鉄道バス大津営業所
♪077-543-6677
江若交通堅田営業所
♪077-572-0374

イベント＆祭り

●近江神宮・1月上旬：かるた祭
●市内・3月上旬：びわ湖毎日マラソン
●大津港沖・3月第2土曜：びわ湖開き
●大津港・8月8日：びわ湖大花火大会
●旧大津町内・10月体育の日の前日・前々日：大津祭
●三井寺・12月31日：三井寺除夜の鐘

まわる順のヒント

　大津観光の起点はJR大津、京阪びわ湖浜大津駅のどちらでもいい。バス路線の多くは両駅を通り、観光案内所も両駅近くにある（p.34MAP参照）。目的地によりこれらの駅を経由せず、山科か石山でJRから京阪に乗り換えて、直接観光地に向かうのもいい。

大津市内の各駅の関係

　港を中心に発展したため、大津の観光や商業の中心は湖畔の京阪びわ湖浜大津駅周辺に集中し、JR大津駅はやや町外れの山の手の官庁街に位置している。ただ、両駅間は徒歩15分ほど。JR→京阪なら下り坂なのでぶらぶら歩ける。また路線バスの多くは大津、びわ湖浜大津両駅を経由し、この区間は230円。

　なお、京阪神方面からJR湖西線直通の新快速や、北陸からの特急が停まるJR湖西線大津京駅に接続して、京阪石坂線京阪大津京駅があり、坂本方面や浜大津へ出る際に便利。

大津市内の交通

　市街地は琵琶湖岸に沿って広がり、京阪電車の駅から、ほとんどの観光地が徒歩数分以内だ。京阪京津線は京都市営地下鉄東西線に乗り入れ、太秦天神川駅か京都市役所前駅発着となった。三条駅で京阪本線、京阪山科駅でJRと接続する。浜大津へはこれらの駅で乗り換えるのが便利だ。石坂線（＝石山坂本線、地元の通称）は、

石山寺駅を起点に、京阪石山駅と京阪膳所駅でJRと接続。びわ湖浜大津駅で京津線と連絡して、坂本へ至る。なお、びわ湖浜大津駅では両線が同じホームに発着するが、京津線の車体がライトブルーとグレー、石坂線はグリーンの濃淡が基本。電車の色を目印に、乗り間違えないように注意が必要。

石坂線

滋賀県で使えるICカード乗車券

　2017年12月現在、滋賀県内で相互利用できる交通系ICカードは、ICOCA、PiTaPa、Suica、PASMO、Kitaca、TOICA、manaca、nimoca、はやかけん、SUGOCAの10種類。県内では、鉄道が東海道新幹線と関ヶ原〜醒井間を除くJRの全線と京阪京津線・石山坂本線の全線が、一般路線バスでは京阪バス、江若交通バス、JRバスでICカード乗車券の利用が可能だ。近江交通グループの電車・バスも2021年3月27日にICOCAを導入した。

路面を走る京津線

! HINT エリアをつかむヒント

Ⓐ 浜大津

大津市の中心地。湖畔に市街地が広がり、路面を走る京阪電車が風景にアクセントをつける。浜大津駅の湖側周辺には、再開発で生まれたショッピング街などが立ち並び、駅の山側は昔ながらの古い商店街が続く。琵琶湖疏水や三井寺周辺には寺院も多く、散歩道として最適だ。

エリアの魅力

観光客の人気度
★★★
てくてく歩きの魅力
★★★
味・みやげ
★★★★★

標準散策時間：3時間
（琵琶湖湖岸散策〜大津祭曳山展示館〜三井寺＝園城寺）

Ⓑ 比叡山・坂本

浜大津から琵琶湖に向かって左の翼にあたるエリア。坂本は比叡山の山麓に寺院や神社が並ぶ延暦寺の「表玄関」で、現在は、湖岸に細長く続く大津の市街地の北端に位置する。気候風土的には、この付近から堅田にかけてが湖西との境目となる。

エリアの魅力

観光客の人気度
★★★★
てくてく歩きの魅力
★★★★
味・みやげ
★★★

標準散策時間：3時間
（滋賀院門跡〜旧竹林院〜坂本ケーブル〜延暦寺）

Ⓒ 石山・瀬田・膳所

浜大津から琵琶湖に向かって右の翼にあたるエリア。琵琶湖の最南端にあたり、瀬田川が流れ出る。「近江八景」のうち、半分の四つはここに含まれる。南へと続く大津の市街地は、石山寺で尽きる。瀬田の唐橋は東国から関西への玄関口。

エリアの魅力

観光客の人気度
★★★★
てくてく歩きの魅力
★★★★
味・みやげ
★★★★

標準散策時間：3時間
（義仲寺〜瀬田の唐橋〜石山寺）

おごと温泉駅
●雄琴温泉
西教寺
Ⓑ 坂本
坂本比叡山口駅
●聖衆来迎寺
比叡山坂本駅
琵琶湖博物館●
●崎駅
琵琶湖
滋賀県
●が崎湖畔公園
●わ湖大津館
●津駅
膳所駅
Ⓒ 膳所
●膳所城跡公園
●膳所焼美術館
東海道本線（琵琶湖線）
瀬田駅
石山駅
●瀬田の唐橋
名神高速道路
幻住庵● 石山寺駅
瀬田西IC
瀬田東IC
●近江美
●滋賀県立近代美術館
Ⓒ 石山
石山寺●

大津

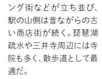

大津

1:92,000

0   2km

周辺広域地図 P.130

京都府
京都市
左京区

A

B

C

D

E

比叡山延暦寺

坂本

日吉大社

西教寺

聖衆来迎寺 P.40

雄琴温泉 P.117

琵琶湖博物館 P.76

滋賀県

琵琶湖

琵琶湖国定公園

近江神宮 P.40

柳が崎湖畔公園
びわ湖大津館 P.36
ベル ヴァン ブルージュ(1F) P.21

草津市

三井寺

大津市

大津

34-35

膳所城跡公園 P.46
膳所焼美術館 P.46

瀬田の唐橋

石山寺

京都市
伏見区

宇治市

滋賀県立近代美術館 P.45

32

浜大津

近江路歩きの拠点となるエリア

　大津市の核ともいえるのが浜大津。北陸から湖上の水運で運ばれてきた物資を、京都へ向けて荷揚げする玄関港として発展した商業・文化の中心地だ。現在も水陸の交通機関が集まる一大ターミナルとして、にぎわいを見せている。アクセスはp.29参照。

見る＆歩く

大津祭曳山展示館
おおつまつりひきやまてんじかん

地図 p.34-B
京阪びわ湖浜大津駅から🚶5分

　毎年10月の体育の日の前日・前々日に行なわれる大津祭の主役、曳山の原寸大模型を中心に展示。曳山に仕掛けられたからくり人形を映像で鑑賞できるコーナーもあり、臨場感たっぷりに紹介。

📞 077-521-1013　📍 大津市中央1-2-27
🕐 9:00～18:00（最終入館は17:30）
🈺 月曜（祝日の場合は翌日）、12月30日～1月3日
💴 入館無料　🅿 なし

大津湖岸なぎさ公園
おおつこがんなぎさこうえん

地図 p.35-H
JR大津駅から🚶20分

　湖岸沿いに続く約4.8キロの公園。芝生が広がる「おまつり広場」や砂浜が続く「サンシャインビーチ」、シバザクラ花垣が楽しめる「プロムナード」など、6つのゾーンがある。

📞 077-527-1588
　（公益財団法人 大津市公園緑地協会）
📍 大津市島の関地先～晴嵐1地先
＊ 園内自由　🅿 550台（有料）

長等創作展示館・三橋節子美術館
ながらそうさくてんじかん・みつはしせつこびじゅつかん

地図 p.34-E
京阪上栄町駅から🚶10分

　長等公園内にあり、35歳という若さでこの世を去った日本画家・三橋節子の作品を展示している。「三井の晩鐘」「鬼子母」など、近江の豊かな自然や歴史などをテーマにした作品が並ぶ。

📞 077-523-5101　📍 大津市小関町1-1
🕐 9:00～17:00（最終入館は16:30）
🈺 月曜、祝日の翌日（日曜は開館）　💴 入館料330円
🅿 10台

三井寺（園城寺）
みいでら（おんじょうじ）

地図 p.34-A
京阪三井寺駅から 🚶 7分

　100以上の国宝や重要文化財を所蔵する天台寺門宗の総本山で、観音堂は西国三十三カ所十四番札所。正式には園城寺だが、天智・天武・持統の三天皇の産湯に使われたという霊泉から三井寺と呼ばれる。霊泉は、今でも金堂西側にある閼伽井屋にこんこんと湧く。近江八景のひとつである「三井の晩鐘」でも有名。この鐘は、その音色の美しさから日本三名鐘や日本の音風景百選にも選ばれるほどだ。また、高台にある観音堂から見る大津の町並みがすばらしい。

📞 077-522-2238　🏠 大津市園城寺町246
🕐 8:00〜17:00　🈺 無休
💴 拝観料600円　🅿 300台

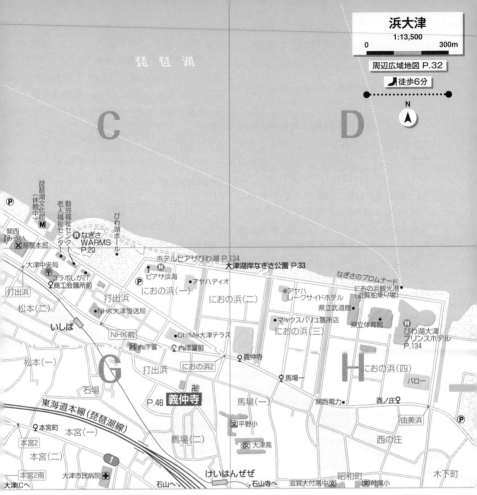

圓満院門跡
えんまんいんもんぜき

地図 p.34-A
京阪大津市役所前駅から🚶 5分

　平安時代後期、村上天皇の第三皇子悟圓
法親王の建立といわれ、全国でわずか17寺

のみの門跡寺院のひとつとして格式を誇
る。三井寺の仁王門横にあり、国指定史跡名
勝の庭園（三井の名庭）が見事。国の重要文
化財に指定されている宸殿では、貴族の遊
びである「投扇興」（2450円）が体験できる。
また、美しい中庭を見ながらお抹茶を味わ
うこともできる。拝観料込みで2450円。こ
のほかにも、境内には、古い大津絵を鑑賞で
きる大津絵美術館（→p.37参照）や宿坊「三
密殿」があるほか、精進料理も味わえる
（→p.38参照）。

📞 077-522-3690　📍 大津市園城寺町33
🕐 9:00～16:30　🈺 無休
💴 入館料500円（大津絵美術館と共通）
🅿 30台

柳が崎湖畔公園・びわ湖大津館
やながさきこはんこうえん・びわこおおつかん

地図 p.32-C
京阪びわ湖浜大津駅から🚌江若交通バス堅田方面行き7分♀柳が崎下車🚶3分

　「柳が崎湖畔公園」は湖国の迎賓館と呼ばれた旧琵琶湖ホテルを中心に公園として整備されたエリア。市の指定文化財である旧ホテルは、1934（昭和9）年の建築時の姿に復元・改修された後、2002年より「びわ湖大津館」として営業開始。レストランや売店、貸ホールなどが入っている。また、約300種のバラをはじめとする1万5000株の花々が四季を彩る西洋式回遊庭園（有料）もある。

♪ 077-511-4187（びわ湖大津館）
♀ 大津市柳が崎
🕘 9:00〜19:30（最終受付）
🈳 無休（有料庭園のみ1〜2月休）Ⓟ 700台
🈺 無料（西洋式回遊庭園は入園料330円）

関蝉丸神社下社
せきせみまるじんじゃしもしゃ

地図 p.34-E
JR大津駅から🚶15分

　百人一首で知られ、琵琶の名手でもあった蝉丸を歌舞音曲の神として祀る神社。上社と下社があり、下社の境内入口には、紀貫之の和歌で有名な「関の清水」跡がある。拝殿横には、「時雨灯籠」と呼ばれる鎌倉時代の石灯籠（重文）が残る。小野小町の塚もある。鳥居の前を京阪京津線が走る。

♀ 大津市逢坂1-15-6　境内自由　Ⓟ なし

琵琶湖疏水
びわこそすい

地図 p.34-A
京阪三井寺駅から🚶すぐ

　琵琶湖から京都へ続く人工の水路。明治維新後さびれた京都の上水道整備、発電などの目的で1885（明治18）年から約4年8ヶ月の歳月をかけて完成した。大津港近くの取水口から三井寺脇のトンネルまで約550mの水路沿いは、春には桜の花見客でにぎわうほか、四季を通じて散策路として人気がある。

♀ 大津市浜大津など　周辺自由

浜大津アーカス
はまおおつあーかす

地図 p.34-B
京阪びわ湖浜大津駅から🚶すぐ

　複合アミューズメント施設だが、2階のボードウォークや4階の映画館ロビーからの眺めがすばらしい。広大な琵琶湖を見渡すには絶好の穴場ともいえるビュースポットだ。館内施設はレストラン、ボウリング場、映画館、カラオケ、ゲームコーナーなど、デートスポットとしても人気。

♪ 077-527-6555　♀ 大津市浜町2-1
🕘 10:00〜翌6:00（店舗により異なる）
🈳 無休　Ⓟ 480台

大津絵にふれよう

大津絵は、17世紀中頃に村人が東海道の逢坂関（おう）に近い大谷で旅人に仏画を描き売ったのがはじまりとされる。のちに美人画、風刺画なども描かれ、その風刺と素朴な美しさで、根強い人気を集める民芸品だ。

浜大津

圓満院附属 大津絵美術館
えんまんいんふぞく おおつえびじゅつかん

歴史ある大津絵コレクションを展示。仏画を中心に描かれた初期の作品から近世までの大津絵がある。1階の円山応挙（まるやまおうきょ）の絵も見逃せない。

📞 077-522-3690
📍 大津市園城寺町33
🕐 9:00〜16:30　🈶 無休
💴 500円（圓満院門跡と共通）
🅿 30台　地図／p.34-A
京阪大津市役所前駅から🚶5分

大津絵の店
おおつえのみせ

明治初年から続く大津絵の老舗で、高橋松山（たかはししょうざん）の作品が買える。鬼の念仏など、代表的な柄が人気で、絵葉書660円、肉筆色紙1万1000円〜など。

📞 077-524-5656
📍 大津市三井寺町3-38
🕐 10:00〜17:00
🈶 第1・第3日曜
🅿 1台　地図／p.34-A
京阪三井寺駅から🚶10分

大津市歴史博物館
おおつしれきしはくぶつかん

大津ゆかりの文化財や資料を保存・展示。大津絵の収蔵も多く、「藤娘」など代表的な絵柄が揃い、発祥から現在までを体系的に知ることができる。

📞 077-521-2100
📍 大津市御陵町2-2
🕐 9:00〜17:00
🈶 月曜、祝日の翌日　💴 330円
🅿 70台　地図／p.34-A
京阪大津市役所前駅から🚶5分

買う＆食べる

餅
三井寺力餅本家
みいでらちからもちほんけ

地図 p.34-B
京阪びわ湖浜大津駅から🚶すぐ

1869（明治2）年創業。上品でまろやかな三井寺力餅は、串にさした小餅に、オリジナルの糖蜜と青大豆のきな粉で味つけ。三井寺の鐘を引き摺りあげたという怪力、武蔵坊弁慶の逸話にちなんで作られた銘菓。本店では注文が入ってからひとつずつ手作りする。茶房では三井寺力餅が抹茶付700円で味わえる。

📞 077-524-2689
📍 大津市浜大津2-1-30
🕐 7:00〜18:00　🈶 無休
💴 三井寺力餅3本入り324円
🅿 なし

平井酒造
ひらいしゅぞう

地図 p.34-B
京阪びわ湖浜大津駅から🚶5分

1658（万治元）年創業の造り酒屋。和歌の枕詞から名付けられた「浅茅生」は、大津の地酒として知られる銘酒。その年に売れる分だけを製造するなど、造り酒屋ならではの心づかいが感じられる。定番の純米酒720ml1210円～。

📞 077-522-1277
📍 大津市中央1-2-33
🕙 10:00～19:00　🏖 不定
💴「浅茅生純米」2420円～
Ⓟ なし

比叡ゆば本舗ゆば八
ひえいゆばほんぽゆばはち

地図 p.34-F
京阪島ノ関駅から🚶3分

精進料理に欠かせないゆばの製造・販売店。ゆばには厳選

大豆を使用。きめ細かく、淡白な味のなかの独特の風味が特徴だ。歯応えのよいおさしみゆば、クリーミーな比叡とろゆば、ミルフィーユ状に重ねた本さしみゆばの3種。

📞 077-522-7398
📍 大津市中央4-3-10
🕙 10:00～17:00
🏖 日曜・祝日、土曜不定
💴 生ゆばお試しセット1296円
Ⓟ 5台

開運そば
かいうんそば

地図 p.34-A
京阪大津市役所前駅から🚶7分

圓満院門跡の勅使門横。クラシックが流れ、絵馬が飾られた店内で味わう名物の開運そばは、そば粉のおいしい部分だけを使った細めの麺が特徴で、使う水はすべて地下水。シイタケ、ゆばなど5種類の天ぷらがトッピングされている。

📞 077-524-8262
📍 大津市園城寺町33
🕙 11:00～17:00
🏖 火曜（休日の場合は翌日）
💴 開運そば1180円
Ⓟ あり

湖の駅 浜大津
うみのえき はまおおつ

地図 p.34-B
京阪びわ湖浜大津駅から🚶3分

浜大津アーカス内にある、

近江米からお茶や地酒、銘菓まで、近江の特産品を取り揃えた常設市場。近江牛コロッケなど近江国自慢の逸品をその場で食べられるフードコートもある。

📞 077-526-8286
📍 大津市浜町2-1
　 浜大津アーカス2F
🕙 10:00～22:00
🏖 無休　Ⓟ 700台

圓満院門跡
えんまんいんもんぜき

地図 p.34-A
京阪大津市役所前駅から🚶5分

旬の無農薬野菜や生薬を配合した薬膳みそなどを使った精進料理。境内の湧水を使い、仏教医学も取り入れた料理は中国の薬膳師との研究で生まれたもの。静かなお座敷でゆっくり味わえ、リピーターが多い。事前に予約が必要。

📞 077-522-3690
📍 大津市園城寺町33
🕙 9:00～17:00　🏖 無休
💴 会席料理5500円～
Ⓟ 30台

さかもと　　地図　**p.32-A**

坂本

石積みのある門前町

延暦寺の門前町である坂本一帯は、比叡山の高僧が余生を過ごす里坊の町として知られ、延暦寺総本坊の滋賀院を筆頭に今も50余りの里坊がある。アクセスはP.29参照。

見る&歩く

滋賀院門跡
しがいんもんぜき

地図 p.39-B
京阪坂本比叡山口駅から🚶10分

江戸時代の延暦寺の歴代座主の住居で、修行を終えた僧侶が里に下りて暮ら

した「里坊」の中で最高格式を誇る。境内には内仏殿、宸殿、二階書院などの建物と、国の名勝で小堀遠州の作と伝えられる池泉観賞式の庭園がある。見事な襖絵も見どころ。

🎵 077-578-0130　📍 大津市坂本4-6-1
🕐 9:00～16:30　❌ 無休　💴 拝観料500円
🅿️ あり

日吉大社
ひよしたいしゃ

地図 p.39-A
京阪坂本比叡山口駅から
🚶10分

全国に数多い山王さんの総本宮で、創建は神話時代に遡るという。京都に都が置かれると都の表鬼門にあたるため国家鎮護、方除け、魔除け祈願の社として信仰を集め、境内には、東本宮と西本宮を中心に数多くの神々が祀られている。日吉造の東西両本宮は国宝、社殿17棟が重要文化財に指定されている。4月12～14日に行なわれる山王祭は湖国三大祭のひとつ。

🎵 077-578-0009　📍 大津市坂本5-1-1
🕐 9:00～16:30　❌ 無休　💴 拝観料300円
🅿️ 30台

坂本

39

慈眼堂
じげんどう

地図 p.39-A
京阪坂本比叡山口駅から🚶10分

慈眼大師・南光坊天海を祀る。堂に通じる石畳の両側に敷きつめられた杉苔や石灯篭が風情を醸し出す。向かって左側の高台には、江戸期以降の歴代天台座主の墓や徳川家康、紫式部、清少納言、新田義貞などの供養塔がある。さらに一段上の高みには鵜川から移された石造阿弥陀如来坐像13体(p.119参照)が鎮座する。

📞 077-578-0130(滋賀院門跡)
📍 大津市坂本4-6-1　🈳 無休
境内散策自由　🅿 あり

公人屋敷 (旧岡本邸)
くにんやしき(きゅうおかもとてい)

地図 p.39-B
京阪坂本比叡山口駅から🚶1分

江戸時代、延暦寺の僧侶でありながら名字帯刀と妻帯を認められた人々が暮らした、社寺関係の大型民家のひとつ。近年の生活様式に合わせ改装されている住居が多い中、旧状をよくとどめた貴重な建築物。行政や祭礼に関する古文書類なども残されており、主屋、米蔵・馬屋等は大津市指定文化財に指定されている。

📞 077-578-6455　📍 大津市坂本6-27-10
🕐 9:00〜17:00(最終入館16:30)
🈳 月曜(祝日の場合は開園)、祝日の翌日、12月26日〜31日
💴 入館料100円　🅿 なし

> **POINT** てくナビ/日吉馬場の大通りから、京阪坂本駅を山へ向かって通り過ぎ、大鳥居前の角を右へ入ると、細い通りにも穴太衆積みの石垣(p.41参照)を巡らせた小さな里坊が並び、風情のある散歩道になっている。

近江神宮・時計館宝物館
おうみじんぐう・とけいかんほうもつかん

地図 p.32-C
京阪近江神宮前駅から🚶10分

祭神は大津に遷都した天智天皇。大津京はこの神社付近にあったと伝えられている。「時刻制度発祥の地」であることにちなみ、境内の時計館宝物館では、古い和時計など、多種多様な時計を見ることができる。

📞 077-522-3725　📍 大津市神宮町1-1
🕐 6:00〜18:00　💴 拝観無料
〈時計館宝物館〉
🕐 9:30〜16:30　🈳 月曜(祝日の場合は開館)
💴 入館料300円　🅿 200台

聖衆来迎寺
しょうじゅらいこうじ

地図 p.32-A
JR比叡山坂本駅から🚶15分

創建当時は地蔵教院と呼ばれ、比叡山の焼き討ちに遭わなかったために、国宝、重要文化財を所蔵する。恵心僧都の往生要集を絵で表わした、国宝の絹本著色六道絵などは毎年8月16日に一般公開される。

📞 077-578-0222
📍 大津市比叡辻2-4-17
🕐 9:00〜15:30(電話で要予約)
💴 拝観料500円　🅿 20台

西教寺
さいきょうじ

地図 p.32-A
京阪坂本比叡山口駅から🚌江若交通バス西教寺行
き4分 ♀西教寺下車🚶12分

天台真盛宗の
総本山。聖徳太
子によって創建
された後、室町
時代に真盛上人
が再興。その後、織田信長の比叡山焼き討ち
で被害を受けるが、坂本城主・明智光秀が復
興に力を尽くした。重要文化財で総欅造の
本堂、伏見城の旧殿を移築した客殿、狩野永
徳の筆による襖絵など見どころは多い。光
秀寄進の梵鐘（ぼんしょう）や一族の墓などもある。

♪ 077-578-0013 　♀ 大津市坂本 5-13-1
🕐 9:00～16:00 　㊡ 無休
💰 拝観料500円 　🅿 50台

POINT　てくナビ／日吉大社の東本宮の堀沿い
から西教寺へ通じる山の辺の道を通っ
て行くと、途中、高台からの琵琶湖の眺
望がすばらしい。

TEKU TEKU COLUMN

穴太衆積みの石垣
あのうしゅうづみ

坂本の町の至るところに見かける特
徴ある石垣は、比叡山の堂塔の石組み
を専門的に手掛けた、坂本の南、穴太村
出身の石工集団によって造られたも
の。穴太衆積みと呼ばれる。加工を施さ
ない自然石を組み合わせ、小石を詰め
石に用いて積むのが特色で全国の城の
石垣にも用いられた。日吉大社参道や
里坊の石垣が代表的な遺構で、中でも
滋賀院門跡が
第一級といわ
れる。穴太衆積
みの石垣の町
並みは重要伝
統的建造物群
保存地区に指
定されている。

端正な美しさと堅牢さで
全国にその名を馳せる

♪077-578-6565（坂本観光協会）

食べる

そば

本家鶴㐂そば
ほんけ つるきそば

地図 p.39-B
京阪坂本比叡山口駅から🚶3分

比叡山の僧侶が修行中に食
べたと伝えられる坂本そばの
老舗で、創業300有余年。北海
道産の特上のそば粉を使い、
熟練の職人が手打ちするそば
は、つやがありシコシコとし
た歯ざわりで喉ごしもよい。
メニューは天ざるやにしんそ

ばなど、約30種類。地酒や一
品料理も楽しみ。建物は築約
130年の歴史を誇る。

♪ 077-578-0002
♀ 大津市坂本 4-11-40
🕐 11:00～16:30（LO15:30）
㊡ 第3金曜、元旦（1・6月は第3
木曜も休、8・11月は無休）
🅿 2ヶ所（8台と16台）
💰 天ざる1793円

司馬遼太郎も食べた天ざる

老舗らしい風格ある外観

比叡山

日本一の霊峰で歴史散歩

標高848m。琵琶湖と京都市街を見渡すことができる、眺望が抜群の比叡山。山のほとんどが延暦寺に属している。→アクセスはP.29参照。

見る＆歩く

比叡山延暦寺

ひえいざんえんりゃくじ

地図 p.32-A、p.43
坂本ケーブル延暦寺駅から🚶10分／東塔〜西塔は🚶20分、または延暦寺バスセンターから🚌シャトルバス5分／西塔〜横川は🚌シャトルバス10分📍横川下車🚶5分

天台宗の総本山。伝教大師最澄が約1200年前に開山。東塔、西塔、横川の三塔に大きく分かれており、これらを総称して「延暦寺」と呼んでいる。1994（平成6）年には、世界文化遺産に登録されている。

開創以来、永遠の法灯が灯り続ける東塔の根本中堂

東塔

とうどう

延暦寺発祥の地であり、比叡山の中心的存在の東塔には、国宝の根本中堂を筆頭に大講堂、法華総持院東塔、戒壇院など重要な堂塔が集まる。このほか、国宝殿、延暦寺会

館、書院などもこの区域にある。根本中堂には開創以来、灯り続けている「不滅の法灯」がある。

大講堂

西塔

さいとう

東塔の北1kmにある西塔には、美しい杉木立の中に、天台建築様式の代表とされる山内最

にない堂

古の建物である釈迦堂をはじめ、弁慶伝説ゆかりのにない堂、椿堂、瑠璃堂、黒谷青龍寺などがある。釈迦堂の北をゆけば、山林の中に天に向かって伸びる、高さ10mの青銅製の塔、相輪橖が建っている。

横川

よかわ

比叡山の中でも最北に位置する横川は親鸞、日蓮など名僧が修行した地。新緑と紅葉の季節は特に美しい。朱塗りの色鮮やかな舞台造りの建物として目を引くのが、横川の本堂に当たる横川中堂だ。慈覚大師が根本杉の洞の中で始めたという如法写経に由来する根本如法塔もここにある。

元三大師堂

📞 077-578-0001　📍 大津市坂本本町4220
🕐 東塔エリア 8:30〜16:00（12月は9:00〜15:30、1・2月は9:00〜16:00）
西塔・横川エリア 9:00〜16:00（12月は9:30〜15:30、1・2月は9:30〜16:00）
🈂 無休　🅿 270台
💴 三塔諸堂巡拝共通券1000円、国宝殿500円
＊国宝の根本中堂は2026年まで大改修中だが、堂内の拝観は通常通り。

ガーデンミュージアム比叡

がーでんみゅーじあむひえい

地図 p.43
京阪出町柳駅から叡山電車、叡山ケーブル、叡山ロープウェイを乗り継ぎ、比叡山頂駅下車 🚶 すぐ

　モネ、ルノワールなどフランス印象派の画家たちの作品をモチーフに、比叡山頂に広がる庭園美術館。季節の花々約1500種が咲き誇る約1.7ヘクタールの園内には、印象派の名作を陶板で再現した絵画45点を展示。ルノワールが好んだレシピを再現したスープが食べられるカフェやミュージアムショップもある。

- 📞 075-707-7733
- 📍 京都市左京区修学院比叡山頂
- 🕐 10:00〜17:00（7月中旬〜8月末の土・日曜・祝日に限り20:45までのナイター営業日あり）
- 🈺 12月上旬〜4月第3土曜の全日（年により異なる）
- 💴 入館料1200円（11月20日〜12月3日は600円）
- Ⓟ 230台

TEKU TEKU COLUMN

比叡山坂本ケーブル

　1927（昭和2）年開業。延暦寺と坂本を11分で結び、長さ2025mは国内のケーブルカーでは最長。急勾配の斜面を移動する車両からは雄大な自然と琵琶湖のパノラマのような眺めが楽しめる。ケーブル延暦寺駅、ケーブル坂本駅の駅舎は大正末期に建築された当時の趣をよく保存していることから、ケーブルカーの駅舎としては初の国の登録有形文化財指定を受けている。

登録有形文化財となっている延暦寺駅の駅舎

ケーブル坂本駅
京阪坂本比叡山口駅から 🚶 15分

- 📞 077-578-0531
- 📍 大津市坂本本町4244
- 🕐 8:00〜17:30（季節によって異なる）
- 🈺 無休
- 💴 片道870円、往復1660円

比叡山

京都方面から
比叡山へのアクセス

　京都・八瀬からケーブル・ロープウェイでもアクセスできる。

●叡山ケーブル
📞 075-781-4338
※冬期は運休や大幅に運転回数が減る系統も多いので注意。

周辺広域地図 P.32

比叡山延暦寺

1:30,000
0　　　500m

石山・瀬田・膳所

琵琶湖最南端エリア

琵琶湖から流れ出る唯一の河川、瀬田川の右岸にある石山。近江八景「石山の秋月」で知られ、「源氏物語」など古典文学の舞台にもなった。「瀬田の夕照」で名高い瀬田の唐橋は天下の趨勢を決した地。膳所は家康が築いた膳所城の城下町で、風情ある町並みが残る。アクセスはp.29参照。

見る＆歩く

石山寺

いしやまでら

地図p.45
京阪石山寺駅から🚶15分

747（天平19）年、良弁の開基といわれる真言宗の大本山。西国三十三ヶ所第十三番札所。紫式部が源氏物語の構想を練ったとされる国宝の本堂内の「源氏の間」や、近江八景のひとつ「石山の秋月」の地として知られる月の名所「月見亭」がある。花の寺とし

ても知られ、梅や桜、キリシマツツジ、紅葉などが有名。境内には、寺名の由来となった巨大な硅灰石がそびえる。

📞 077-537-0013 　📍 大津市石山寺1-1-1
🕐 8:00～16:00 　休 無休 　💴 入山料600円、
本堂内陣拝観料500円 　🅿 なし

瀬田の唐橋

せたのからはし

地図p.45
京阪唐橋前駅から🚶3分

日本書紀にはじまり、多くの文学作品にも登場した著名な橋。"唐橋を制する者は天下を制す"といわれるほどの交通・軍事の要所であった。「瀬田の夕照」は近江八景のなかで、今でも愛でることができる数少ないもののひとつ。1979（昭和54）年に架け替えられたが、旧橋につけられていた擬宝珠が残されている。

📞 077-534-0706（石山駅観光案内所）

建部大社

たけべたいしゃ

地図p.45
京阪唐橋前駅から🚶15分

近江国一の宮として崇敬された神社。祭神は日本武尊。除災や出世にご利益があるとされ、中世には源頼朝が源氏再興を祈願したと伝えられる。宝物殿にある平安時代の作の木造女神像は、恥らう女性を表わした珍しい神像で社宝。毎年8月17日に御座船が瀬田川を巡行する船幸祭は、大津三大祭のひとつだ。

📞 077-545-0038 　📍 大津市神領1-16-1
境内自由（宝物殿は200円、9:00～16:00、事前に要連絡）
🅿 50台

日本最古の多宝塔

滋賀県南郷水産センター
しがけんなんごうすいさんせんたー

地図 p.32-F
JR石山駅から🚌京阪バス大石方面行き15分♀南郷洗堰下車🚶5分

ニジマスやアマゴなどを狙えるルアー・フライフィッシングコーナー（夏季除く）をはじめ、川にアユ、金魚を放流したつかみどりコーナー（4月中旬〜9月中旬）や鯉・フナ釣り池、ちびっ子釣り場など、ファミリーで魚とふれあい、釣りの楽しさを体験できる。つかまえたアユは塩焼きにしてくれる（1匹300円＋調理代100円）。水産資料館も併設。

📞 077-546-1153　📍 大津市黒津4-4-1
🕐 9:30〜17:00（冬期は16:30まで）
🈺 火曜（祝日の場合は営業）
💴 400円　🅿 500台

滋賀県立近代美術館
しがけんりつきんだいびじゅつかん

地図 p.32-F
JR瀬田駅から🚌帝産湖南交通バス滋賀医大行き7分♀文化ゾーン前下車🚶5分

丘陵地に建設された文化ゾーン内にあり、近代日本画や現代美術を中心に約1100点を収蔵。常設展示室1では近代日本画と郷土ゆかりの美術作品を2ヶ月ごとに、常設展示室2では国内外の現代美術作品を3ヶ月ごとに展示替えして公開する。2021年6月27日リニューアルオー♪♪。

📞 077-543-2111
📍 大津市瀬田南大萱町1740-1
🕐 9:30〜16:30　📅 月曜（祝日の場合は翌日）
💴 500円（常設展）　🅿 320台

立木観音（安養寺）
たちきかんのん（あんようじ）

地図 p.130-I
JR石山駅から🚌京阪バス大石方面行き20分♀立木観音下車🚶20分

厄除けに霊験あらたかな「立木さん」として親しまれているお寺。約1200年前、弘法大師空海が42歳の厄年に、白い雄鹿に導かれ、光る立木の霊木に等身大に刻まれていた観音様をお祀りしたと伝える。JR石山駅から南へ約7.4km、瀬田川の西岸にある立木山の中腹にあり、境内までは約800段の石段を上る。毎月17日が縁日。特に1月は「元旦会」「初立木会」があり、多くの参詣者でにぎわう（1月中は約500台収容の臨時駐車場あり）。

📞 077-537-0008　📍 大津市石山南郷町奥山
🕐 9:00〜16:30　境内自由　🅿 50台

義仲寺
ぎちゅうじ

地図 p.35-G
JR膳所駅から🚶10分

　粟津合戦で敗死した木曽義仲を供養するために、六角氏が再興したと伝わる寺。国の史跡にも指定され、義仲の墓だけではなく、近江を愛した松尾芭蕉の墓所もあり、翁堂には芭蕉像や向井去来像が安置されている。境内には、芭蕉辞世の句といわれる「旅

に病んで夢は枯野をかけ廻る」をはじめ、多くの句碑がある。

　📞077-523-2811　📍大津市馬場1-5-12
　🕐9:00〜17:00（11〜2月は16:00まで）
　休月曜（祝日および4・5、9〜11月の月曜は開館）
　💴拝観料300円　Ｐなし

膳所城跡公園
ぜぜじょうせきこうえん

地図 p.32-D
京阪膳所本町駅から🚶7分

　「勢多の唐橋唐金擬宝珠、水に映るは膳所の城」と唄われた水城。城跡は現在膳所城跡公園となり、城門が復元されている。水辺の散歩コースとして、桜の季節をはじめ多く

の人でにぎわう。また城下町の武家屋敷が並んでいた界隈には、当時の面影を残す土塀の家並みが続く。

　📞077-522-3830（大津駅観光案内所 OTSURY）
　📍大津市本丸町7　Ｐ10台

膳所焼美術館
ぜぜやきびじゅつかん

地図 p.32-F
京阪瓦ヶ浜駅から🚶すぐ

　膳所藩のお庭焼きとして、小堀遠州の指導で作られたのが膳所焼の起源。遠州七窯のひとつとされ、主に茶器を中心に焼かれた。一度途絶えたが、1919（大正8）年、岩崎健三によって復興された。館内には江戸時代初期の古膳所焼などの逸品が並んでいる。

　📞077-523-1118　📍大津市中庄1-22-28
　🕐10:00〜16:00
　休月・火曜
　💴900円　Ｐ3台

幻住庵
げんじゅうあん

地図 p.32-F
JR石山駅から🚌京阪バス国分団地行き10分📍幻住庵前下車🚶すぐ

　1690（元禄3）年4月から4ヶ月間、松尾芭蕉が暮らした庵を復元。薬葺きの門が当時を彷彿させる。芭蕉47歳の時、この庵で俳諧道への想いや半生を綴った「幻住庵記」が誕生した。毎年10月第1日曜に幻住庵芭蕉祭が行なわれる。

　📞077-533-3760　📍大津市国分2
　🕐9:30〜16:30　休月・木曜（祝日の場合は翌日）
　💴拝観無料　Ｐ10台（バスＰあり）

買う＆食べる

茶丈藤村
さじょうとうそん

地図 p.45
京阪石山寺駅から🚶7分

　和菓子と甘味喫茶の店。名物は芭蕉の句をヒントに生まれた、丹波大納言と胡桃を求肥餅で包んだ創作和菓子「たばしる」。カシューナッツ入り黒砂糖の求肥餅「寺辺もち」も人気。

☎ 077-533-3900
📍 大津市石山寺1-3-22
🕘 9:00〜18:00　休 火曜
🅿 5台
¥ 抹茶とたばしるのセット700円

郷土料理
石山門前志じみ茶屋 湖舟
こしゅう

地図 p.45
京阪石山寺駅から🚶10分

　地元、琵琶湖特産のシジミを使い、1963（昭和38）年に名物「志じみめし」を考案した店。注文を聞いてから江州米とともに炊き上げた志じみめしに、近江牛と永源寺赤蒟蒻のしぐれ煮、丁子麩と胡瓜の酢味噌あえなど、近江のおばんざいが付いたセットもある。

☎ 077-537-0127
📍 大津市石山寺3-2-37
🕘 10:00〜17:00（LO16:30）
休 不定
🅿 なし
¥ 近江のおばんざい付志じみ釜めし御膳1650円

和菓子
大津 風月堂
おおつ ふうげつどう

地図 p.32-F
京阪石山寺駅から🚶20分

　創作銘菓を作り続けている老舗。小麦粉生地の舟型せんべいに、砂糖と生ショウガのしぼり汁でコーティングした「あみ舟」は、飽きのこない素朴な味わいで人気。

☎ 077-537-1819
📍 大津市平津1-2-11
🕘 9:00〜17:00
休 不定　🅿 4台
¥ あみ舟7枚入り540円

石山・瀬田・膳所

TEKU TEKU COLUMN

希少種、瀬田シジミ漁も体験できる

　日本でとれる3種の在来のシジミのひとつ、瀬田シジミは琵琶湖の固有種。淡水に生息し、貝に厚みがあり、身がぷりっとしていて美味。希少種で、近年はことに漁獲量が少なく、関西でもなかなか口にすることはできない。

　漁は、長い竹竿の先に貝掻き網をつけた「タマ」と呼ばれる道具で採る。この古くから伝わるシジミ漁を、誰でも体験できるよう、町の漁業協同組合が船を出している。1時間コースが6000円（4名まで

での料金、要予約）。

　季節を問わず体験可能なので、ぜひとも湖上の空気とともに瀬田シジミを味わいたい。

☎ 077-545-0055（瀬田町漁業協同組合）
📍 大津市瀬田1-21-19（出港地）　地図 p.45

爽やかな風に吹かれて湖上散歩を楽しむ

琵琶湖の遊覧船に乗る

日本一の湖は湖上から眺めてこそ、魅力を感じられる。
琵琶湖周遊の遊覧船で、季節を感じながら、
開放感いっぱいのクルージングを味わってみよう。

MICHIGAN ミシガン

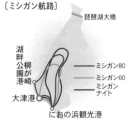

〔ミシガン航路〕

琵琶湖の南を周遊する、アメリカン気分満載の陽気なクルージング。音楽や豪華な食事を楽しみながら、琵琶湖の美しい風景を堪能できる。特に船の最上階から眺める360度のパノラマは絶景。におのはま観光港や柳が崎湖畔公園港にも発着するので、ぐるっと回遊のほか、それぞれの区間乗船もできる。80分コースのミシガン80、60分コースのミシガン60、ミシガンナイトの120分コースの3コース運航している。

●ミシガン80（80分コース）
乗船料／2830円、ランチブッフェ（要予約）3000円、ランチボックス（要予約）1500円
大津港発／11:20、13:10
●ミシガン60（60分コース）
乗船料／2300円、リザーブシート（乗船料、ソフトドリンクバー込）3290円
※料理は別料金。ブッフェ料理は要予約。
大津港発／10:00、14:50、16:10
●ミシガンナイト（120分コース）
乗船料／3040円、コースディナー（要予約）4000円、6000円、9000円
大津港発／18:30
※60分コースもある。

※運航日や区間料金等の詳細は、問い合わせてください。

↑ミシガンパドルパンケーキ／1700円

↑ミシガンランチブッフェ／2700円

ミシガンのもうひとつの楽しみとして、たそがれ時のナイトクルーズがある。就航当時から今日まで、長年、人気を集め続けている伝統の琵琶湖クルーズで、夕暮れ時の2時間30分を楽しむゆったりしたコースだ。宵闇の中で楽しむ船上の生演奏とパフォーマンスは、さらにドラマチックなはず。

ライトアップされ華やかな「びわこ花噴水」を眺めながら、ディナークルーズを楽しんでみるのもいい。

海津大崎桜クルーズ（季節限定運航）　※予約制

琵琶湖の最北端、「日本さくらの名所100選」に選ばれた「海津大崎の桜」を湖上から見学するお花見船を期間限定で運航。湖岸に続く約800本、4kmに渡る桜並木をたっぷり堪能。このほかにも上陸して、桜のトンネルを散策する高速船クルーズもある。詳細は要問い合わせ。

長浜港、今津港発着
運航日／4月上旬〜中旬
運航時間／1日3〜6便
乗船料／3100円〜3300円

クリスマスクルーズ（季節限定運航）　※予約制

外輪船ミシガンと客船ビアンカによるクリスマス時期の特別運航。大津港にはイルミネーションツリーが飾られ、湖上では打ち上げ花火も。船内では、シェフ特製ディナーが提供される。ジャズの生演奏やクリスマスソングの音楽ライブも行なわれ、ムードは最高。

大津港発着
運航日／12月24日の前後の数日間
運航時間／18:30〜21:00
乗船料／8000円〜1万5000円

初日の出クルーズ（季節限定運航）　※予約制

元旦に、船上から初日の出を拝む早朝便を特別運航。人気のクルーズで、湖東の山の間から太陽が顔を出すと、歓声とともに感動が。船内では、甘酒等の振る舞いもある。

大津港発着
運航日／1月1日
運航時間／6:40〜7:30
乗船料／大人3000円、小人1500円

琵琶湖の遊覧船に関する問い合わせ先

琵琶湖汽船　地図／p.34-B、D
♪0570-052-105
http://www.biwakokisen.co.jp
●乗り場／大津港（京阪びわ湖浜大津駅前すぐ）ほか
＊本書で紹介したコースのほかにも、不定期で琵琶湖を一周するコースなども運航。

TEKU TEKU COLUMN

びわこ花噴水　地図／p.34-B

大津港の沖合約180mのところにある防波堤に設けられた世界最大級の噴水。噴き出す水が色や形を変えながら、高さ40m、横幅440mにわたって舞い上がる。夜のライトアップも見事で、港はロマンチックムード一色。

♪ 077-521-6016（滋賀県大津港指定管理者）　⏰ 12:00〜13:00、19:00〜21:00（季節により時間変更。土・日曜・祝日は15:00〜16:00も放水）　🈺 第2・4水曜、悪天候時（一部休止の場合もあり）
http://www.biwako-visitors.jp/spot/detail/1100

近江八幡

移りゆく季節とともに表情を変える
白壁と水郷と商人の町

　近江八幡は、琵琶湖東岸、小高い山が点在する平坦な湖東平野の一角に位置する。1585（天正13）年、八幡山に豊臣秀次が築城した時に、美しい碁盤目状の城下町として造られた。八幡山城の廃城後も、経済や流通の要衝として多くの近江商人を世に送り出し、繁栄を続けた歴史を今に至るまで色濃く伝える。

 HINT

近江八幡への行き方

　京阪神からはJRの新快速で向かうのが最も便利。米原、彦根からも新快速で。

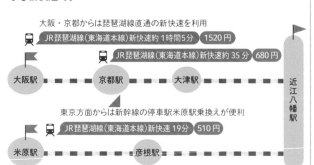

大阪・京都からは琵琶湖線直通の新快速を利用

JR琵琶湖線（東海道本線）新快速約1時間5分　1520円

JR琵琶湖線（東海道本線）新快速約35分　680円

大阪駅　　　京都駅　　　大津駅　　　　　　　近江八幡駅

東京方面からは新幹線の停車駅米原駅乗換えが便利

JR琵琶湖線（東海道本線）新快速19分　510円

米原駅　　　　　　彦根駅

エリアの魅力

観光客の人気度
★★★★
てくてく歩きの魅力
★★★★★
味・みやげ
★★★

標準散策時間：4時間
（八幡山～日牟禮八幡宮～白雲館～郷土資料館～旧西川家住宅～ヴォーリズ記念館）

行き方・帰り方のアドバイス

　旧城下町最寄りバス停は小幡町資料館前、新町、大杉町など。駅からこれらのバス停に行く系統は駅北口3番乗り場野ヶ崎線、6番乗り場長命寺線、7番乗り場市内循環線。日中合わせて毎時2～4本運行。近江八幡駅からいずれも220円。

歩き方のヒント

　拠点はJR近江八幡駅だが、中心部は駅から遠いのでバスかレンタサイクルで移動しよう。旧城下町までバスで約5分、自転車で約10分。なお駅北口観光案内所のコインロッカーは17:00までだが、駅なら24時間OK。旧城下町の玄関口は小幡町資料館前バス停。東へ入れば新町通りはすぐ。

⚠ HINT

エリアをつかむヒント

Ⓐ 八幡山

　近江平野に浮かぶ独立峰。山頂へと延びるロープウェーが目につく。近江八幡駅からほぼ真正面に見えるなど、市内の随所から目にすることができる格好の目印。（→p.55）

Ⓑ 西の湖

　秀次の時代は琵琶湖の入り江だったのが、次第に埋まって湿地帯に。「水郷めぐり」は複雑に入り組んだこの湖のヨシ原を和船で巡る。（→p.54）

Ⓐ 八幡山（八幡山城跡）
▲272
八幡山ロープウェー
●水郷めぐり乗船場
Ⓑ 西の湖
八幡堀●
●日牟禮八幡宮
小幡町資料館前
Ⓓ 新町通り
白雲館
永原町通り
●ヴォーリズ記念館
びわ湖よし笛ロード
小幡町通り
白鳥川
●近江八幡市役所
ぶーめらん通り
米原へ
近江八幡駅 Ⓒ ⓘ
東海道本線（琵琶湖線）

Ⓒ 近江八幡駅

　JRと近江鉄道の駅が同居。バスターミナルや観光案内所は北口にある。駅を背に"ぶーめらん通り"を徒歩で約30分直進すると八幡山の麓に着く。

Ⓓ 重要伝統的建造物群保存地区（新町通り）

　八幡山の麓に広がる古い町並みが続くエリアで、周囲に八幡堀、日牟禮八幡宮、永原町通りなどもある市街地観光の中心。（→p.52）

イベント＆祭り

●3月14・15日に近い土・日曜：左義長まつり（日牟禮八幡宮）

●4月14・15日：八幡まつり（日牟禮八幡宮）
● 5月4日：篠田の花火（篠田神社）

観光・交通の問い合わせ

近江八幡駅北口観光案内所
♪0748-33-6061
※観光ボランティアガイドも受付
(社)近江八幡観光物産協会
♪0748-32-7003
近江鉄道バスあやめ営業所
♪077-589-2000
駅レンタカー・レンタサイクル
♪0748-32-1134

近江八幡おもてなしパスポート

　近江八幡駅北口か白雲館の観光案内所などで販売されている「おもてなしパスポート」（1500円）を購入すると、郷土資料館、かわらミュージアム、八幡山ロープウェーなどの観光施設がフリーパス（無料）に。他に水郷めぐりが割引になる特典もある。有効期限は6ヶ月。

近江八幡

近江八幡

おうみはちまん

城を失った後も、商人たちは、自由商業都市を目指した豊臣秀次の遺志を受け継ぎ、天秤棒をかついで、全国へ旅立った。ここは、商人達の城下町。その心意気は、今でも町を歩けば感じることができる。

まわる順のヒント

HINT

郷土資料館からスタート。新町通りを行けば、旧伴家住宅、歴史民俗資料館、旧西川家住宅と続き、八幡堀に自然に出る。趣きのある堀端を散策しながら、東へ。白雲館やかわらミュージアムは八幡堀周辺にあるので、のぞいてみよう。その後、ヴォーリズ記念館に向かいたい。

01 見学 30 分

郷土資料館
きょうどしりょうかん

江戸初期に東南アジアで貿易商として活躍した西村太郎右衛門旧宅跡。考古資料や道具類、美術工芸などが常時展示されている。

♪ 0748-32-7048／♀ 近江八幡市新町 2-22／◷ 9:00～16:00／休 月曜(祝日の場合は翌日)／¥ 700円(旧西川家住宅・歴史民俗資料館・かわらミュージアムと共通)

06 見学 10 分

日牟禮八幡宮
ひむれはちまんぐう

八幡山の山麓にある神社で、創建は平安時代と伝わる。毎年3月中旬の土・日曜には左義長まつりという祭礼が、また4月14～15日には八幡祭りが行なわれる。

※日牟禮八幡宮に関するデータはp.55参照。

明治橋から白雲橋にかけての一帯は、どこも絵になる撮影ポイント

玉木町

池田町通り　本町通り　小幡町通り　新町通り

麩の吉井
新町浜みせ　R　喜兵衛 P.58

この辺りは特に趣深い雰囲気がある新町通り　S　和た与 P.57

新町

紙平老舗(でっち羊羹)　八幡池田局 〒　小幡町資料館前

❸旧西川家住宅　6分

❷歴史民俗資料館　近江兄弟社

❶郷土資料館

START

ここへの行き方
近江八幡駅からバスで5分

旧伴家住宅

新町通り

洋風建築が並ぶ住宅街　関西みらい

近江八幡駅へ

02 見学 20 分

歴史民俗資料館
れきしみんぞくしりょうかん

館内には近江商人の帳場風景や生活様式が再現されており、質素倹約、質実剛健の心がけをうかがい知ることができる。裏庭には民具、農具などが展示されている。

♪ 0748-32-7048／♀ 近江八幡市新町 2-22／休 月曜(祝日の場合は翌日)／◷ 9:00～16:00／¥ 700円(旧西川家住宅・郷土資料館・かわらミュージアムと共通)

03 見学 20 分

旧西川家住宅
きゅうにしかわけじゅうたく

蚊帳や畳表などで財を成した豪商の旧宅。国の重要文化財に指定され、資料館として一般公開されている。三階建土蔵は天和年間(17世紀後半)の建築。京風で統一された風情ある質素な造り。

♪ 0748-32-7048／♀ 近江八幡市新町 2-22／◷ 9:00～16:00／休 月曜(祝日の場合は翌日)／※5・6・10・11月は無休／¥ 700円(歴史民俗資料館・郷土資料館・かわらミュージアムと共通)

ヴォーリズ記念館
うぉーりずきねんかん

関西学院や神戸女学院キャンパスなどを設計した建築家にして、近江兄弟社の創立者W・M・ヴォーリズ後半生の自邸。1931(昭和6)年の建物で、ヴォーリズが自ら設計した。現在は記念館となっており、アメリカからヴォーリズが持参したピアノなどの遺品や資料が展示されている。要電話予約。

♪ 0748-32-2456／♀ 近江八幡市慈恩寺町元11／⏰ 10:00～16:00／❌ 月曜、祝日、12/1～1/15、その他不定休あり／¥ 400円

近江八幡中心部
1:7,300
0　　　100m
周辺広域地図 P.56

八幡山ロープウェー
公園前駅

☖ 日牟禮八幡宮 06
卍 圓満寺

🍴 たねや 日牟禮茶屋 P.23
🏠 たねや クラブハリエ
日牟禮ヴィレッジ P.57

徒歩2分

04 八幡堀
白雲橋
• かわらミュージアム 07

大杉町八幡山ロープウェイ口
織源商店(佃煮)

白雲館 05
元八幡

☖ 鍛冶屋町

.57 まるたけ
近江 西川

為心町通り

近江八幡
まちや
倶楽部

MACHIYA
INN

旧八幡郵便局
🏠 酒游館 P.57

仲屋町通り

永原町通り

8分

GOAL
08 ヴォーリズ記念館

かわらミュージアム

優れた耐寒性と美しい光沢が特徴の「八幡瓦」の歴史や魅力を、様々な角度から紹介する。新しい建物ながら、瓦をふんだんに使った蔵造りの外観で、見事に周辺の風景と調和している。喫茶もあり、瓦粘土を使用した陶芸体験工房(要予約)なども行なっている。

♪ 0748-33-8567／♀ 近江八幡市多賀町738-2／⏰ 9:00～16:30／❌ 月曜(祝日の場合は翌日)／¥ 300円

近江八幡

オススメ

八幡堀
はちまんぼり

豊臣秀次が城下町を開いた際、琵琶湖を往来する荷船をすべて八幡に寄港させるために掘った運河。堀に沿って立つ白壁の土蔵が水面に映える。遊歩道が整備され、季節の花々が彩りを添える。

♪ 0748-33-6061(近江八幡市北口観光案内所)／♀ 近江八幡市新町

白雲館
はくうんかん

八幡瓦を使った和洋折衷の擬洋風建築。1877(明治10)年に八幡東学校として建てられた。館内には観光案内所や特産品展示販売コーナー、喫茶店、ギャラリーなどがある。

♪ 0748-32-7003(近江八幡観光物産協会)／♀ 近江八幡市為心町元9／⏰ 9:00～17:00／❌ 年末年始／¥ 入館無料

近江八幡の水郷めぐり

季節により異なった表情を見せてくれる近江八幡の水郷。
真珠養殖の名残を見せる古舟やカイツブリ、
ヨシキリのさえずり、遥かにかすんで見える山々など
時間を忘れる悠々たる舟旅を満喫しよう。

和舟で揺られ80分の遊覧

地図p.56-A、B、D

近江八幡の水郷めぐりは、安土桃山時代、宮中の雅やかな舟遊びに似せて豊臣秀次が始めたといわれる。

現在、水郷めぐりは4社が運航しているが、この遊びの発祥の地でもある「豊年橋」を乗り場とする、手こぎ舟の近江八幡和船観光協同組合の舟に乗ってみる。豊年橋から細い水路を通り「北の庄沢」から「さくら堀」「嫁入り水道」を抜け、再び豊年橋へ戻る代表的ルートだ。

手こぎ舟は船頭の櫓さばきに合わせ、のんびり進む。ヨシが緑に染まる5月の水郷は、背の高いヨシの間を縫うようにカイツブリが泳ぐ。舟の揺れと暖かい春風に心はすっかりほぐされる。時折聞こえるのはカイツブリとヨシキリの声。

途中、水面に奇妙な箱が浮かんでいる。船頭に尋ねると、琵琶湖名産のニゴロブナを獲る仕掛けとのこと。船頭のガイドは慣れたもので、仕掛けに始まって、琵琶湖の水質から昔の淡水真珠養殖へと、話はどんどん広がっていく。

名ガイドに聞き入っているうちに何度か橋をくぐり抜けて「さくら堀」へ。咲き乱れる菜の花と桜並木を楽しみに来る客も多いとか。

堀を抜けると「焼田」へ到着。見晴らしが広がる。目の前はかつて真珠の養殖をしていた西の湖。橋へ繋がれた何艘かの古い木舟が養殖の名残だ。遠くには安土城跡や観音正寺のある山々がかすむ。

やがて舟は水郷めぐりの終盤へ。昭和30年頃まで、花嫁を乗せた舟や牛を乗せた二艘舟がこの水路を通っていたという「嫁入り水道」を抜け、「豊年橋」の乗り場へと戻る。

近江八幡和船観光協同組合

📞 0748-32-2564
📍 近江八幡市北之庄町880
🕐 10:00、15:00
※ 4月1日～11月末運航（運航期間中無休）
💴 2200円
※手こぎ舟のみ
🚏豊年橋和船のりば
🚌下車🚶すぐ

水郷のさと まるやま

📞 0748-32-2333
📍 近江八幡市円山町1467-3
🕐 10:00、13:10、15:00
🈚無休 💴 2200円
※定期船は手こぎのみ（4月1日～11月末まで運航）
🚏円山下車🚶すぐ

島真珠水郷観光船部

📞 0748-32-3527
📍 近江八幡市円山町224
🕐 10:30、14:30
※ 3月初旬～11月末運航（運航期間中不定休）
💴 2200円（要予約）
※エンジン船のみ
🚏白王口下車🚶すぐ

びわ湖観光

📞 0748-32-2131
📍 近江八幡市中之庄町639-1
🕐 10:30、13:30、15:30
🈚不定（冬期は減便）
💴 2200円（要予約）
※エンジン船のみ
🚏陶芸の里下車🚶すぐ

近江八幡和船観光協同組合
◆80分コース
北の庄沢～かわら堀～さくら堀～焼田～蛇穴～岩崎～嫁入り水道～北の庄沢～豊年橋

八幡山
はちまんやま

地図 p.56-C
JR 近江八幡駅から 🚌 近江鉄道バス長命寺行き7分
♀ 大杉町八幡山ロープウェイロ下車 🚶 5分、🚠ロープウェー（往復880円）で4分

　ロープウェーで標高271.9mの山頂へ行けば、豊臣秀次を祀る村雲御所瑞龍寺や八幡山城跡がある。近江八幡の町並みや西の湖の風景も楽しむことができる。

📞 0748-32-0303（八幡山ロープウェー）　🅿 あり

日牟禮八幡宮
ひむれはちまんぐう

地図 p.56-D
JR 近江八幡駅から 🚌 近江鉄道バス長命寺行き7分
♀ 大杉町八幡山ロープウェイロ下車 🚶 3分

　八幡まつり、左義長まつりで知られる旧八幡町の総社。近江商人の信仰を集める。江戸初期の豪商・西村太郎右衛門が奉納した、安南渡海船額や木造神座像などの重要文化財がある。

📞 0748-32-3151　📍 近江八幡市宮内町257
参拝自由　🅿 あり

左義長まつり
さぎちょう

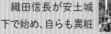

　織田信長が安土城下で始め、自らも異粧華美な姿で躍り出たと伝えられる奇祭。白塗りに赤い長じゅばんの若衆らにより、新ワラで編まれた約3mの三角錐の左義長だし十数基が町を練り歩く。
📞 0748-32-3151（日牟禮八幡宮）
毎年3月中旬の土・日曜開催

長命寺
ちょうめいじ

地図 p.56-A
JR 近江八幡駅から 🚌 近江鉄道バス長命寺行き22分 ♀ 長命寺下車 🚶 15分

　聖徳太子創建と伝えられる西国三十三カ所三十一番札所。延命長寿の御利益があるといわれている。808段の石段を上れば本堂から琵琶湖の景色が望める。また、本尊千手観音など多くの文化財を所蔵しており、アジサイの寺としても知られている。

📞 0748-33-0031
📍 近江八幡市長命寺町157
🕐 8:00〜17:00　拝観自由　🅿 30台

沖島
おきしま

地図 p.130-B
JR 近江八幡駅から 🚌 近江鉄道バス休暇村近江八幡行き33分 ♀ 堀切港下車、連絡船（1日11便・片道500円で10分）

　約300人が住む琵琶湖最大の島。湖の島に人が住むことは世界的に珍しい。島民のほとんどが漁業に従事しており、ゆったりとした時間が流れる。西福寺では、浄土真宗

中興の祖・蓮如上人が嵐を逃れてたどり着いた時に残した書が遺されている。

📞 0748-33-9779（沖島離島振興推進協議会）
📍 近江八幡市沖島町

近江八幡

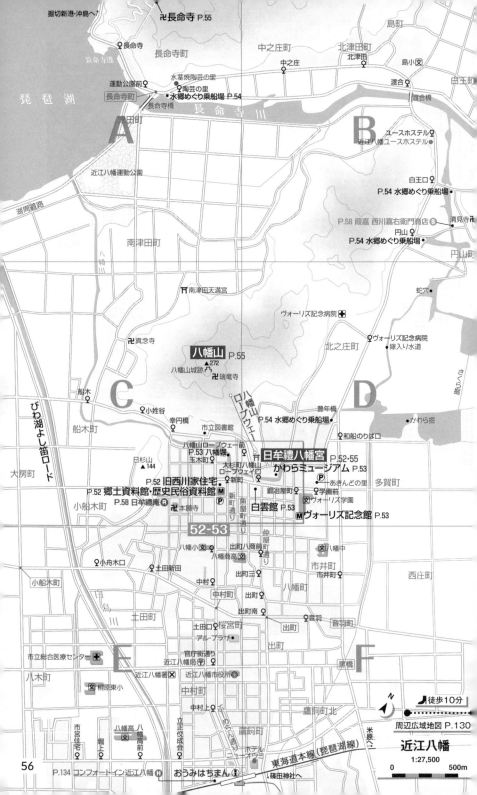

掘切新港・沖島へ

卍長命寺 P.55

島町

北津田町

長命寺

長命寺町

中之庄町

北津田

中之庄

島小

曲玉町

運動公園前

水茎焼陶芸の里

陶芸の里

渡合

琵琶湖

長命寺橋

●水郷めぐり乗船場 P.54

腹合橋

長命寺川

A

B

ユースホステル

近江八幡ユースホステル

白王口

P.54 水郷めぐり乗船場

P.58 霞嘉 西川嘉右衛門商店 S

清見寺

近江八幡運動公園

円山

P.54 水郷めぐり乗船場 ●

湖岸道路

南津田町

円山町

蛇穴

卍南津田天満宮

ヴォーリズ記念病院 ✚

八幡山 P.55

ヴォーリズ記念病院

北之庄町

嫁入り水道

卍真念寺

▲272

八幡山城跡 卍瑞竜寺

C

船木

小姓谷

幸円橋

八幡山ロープウェー

D

豊年橋

P.54 水郷めぐり乗船場 ●

かわら掘

船木町

市立図書館

和船のりば口

びわ湖よし笛ロード

日杉山

八幡山ロープウェー前

P.53 八幡堀

玉木町

▲144

大杉町八幡山ロープウェイ

新町

日牟禮八幡宮 P.52・55

かわらミュージアム P.53

大房町

P.52 旧西川家住宅

鍛冶屋町

あきんどの里

多賀町

小船木町

P.52 郷土資料館・歴史民俗資料館 M

学園前

P.58 日牟禮庵 R 本願寺

P

新町通り

魚屋町通り

白雲館 P.53

文 ヴォーリズ学園

M ヴォーリズ記念館 P.53

52-53

仲屋町通り

八幡小 文

出町八商前通り

文 八幡中

小舟木口

土田新田

八幡商高 文

市井町

西庄町

中村 女

中村町

出町三

市井町

烏川

出町

音羽

土田町

土田口 桜宮町

出町南

音羽町

アル・プラザ

出町

E

市立総合医療センター ✚

管庁街通り

F

黒橋

近江八幡局 〒

八木町

文 桐原東小

近江八幡署 文

近江八幡市役所

鷹飼町北

中村町

中村上

廣畑町

八幡高 文

文 立正佼成会

八幡

堀上

前町

ホテル
ニューオウミ

市営住宅

N

♪徒歩10分

●┈┈┈●┈┈┈●

周辺広域地図 P.130

近江八幡

P.134 コンフォートイン近江八幡 H

おうみはちまん i

東海道本線（琵琶湖線）

篠田神社へ

米原へ

1:27,500

0   500m

買う＆食べる

和・洋菓子
たねや クラブハリエ
日牟禮ヴィレッジ
たねや くらぶはりえ ひむれづぃれっじ

地図 p.53
JR近江八幡駅から🚌近江鉄道
バス長命寺行き7分♀大杉町八幡
山ロープウェイロ下車👣2分

　日牟禮八幡宮境内の参道を挟み、町家造りの和菓子「たねや」と赤煉瓦の洋菓子「クラブハリエ」が建つ。物販はもちろん、飲食スペースもあり、散策の休憩ポイントとしても人気。「クラブハリエ日牟禮カフェ」では、おとぎ話の中にいるようなガーデンを眺めながら、ケーキや焼き菓子を味わえる。「たねや日牟禮茶屋」(p.23)では甘味のほか、季節の素材が楽しめるお膳(2000円～)など、食事もできる。

📞 0748-33-4444(和菓子)
📞 0748-33-3333(洋菓子)
📍 近江八幡市宮内町
🕐 9:00～18:00(カフェはLO17:00、日牟禮茶屋の食事は11:00～15:00)
🈺 無休　Ｐ35台

郷土料理
酒游舘
しゅゆうかん

地図 p.53
JR近江八幡駅から🚌近江鉄道
バス長命寺行き7分♀大杉町八幡
山ロープウェイロ下車👣すぐ

　酒蔵を改装したお店。近江牛のたたきや赤こんにゃく、湖魚、あわ麩田楽など、近江の食材をふんだんに盛り込んだ「ことぶき膳」が味わえる。お弁当(1650円)も人気。

📞 0748-32-2054
📍 近江八幡市仲屋町中21
🕐 10:30～17:00(団体・夜間利用は要予約)
🈺 火曜　Ｐ14台
🈂 ことぶき膳2800円

近江牛
まるたけ近江 西川
まるたけおうみ にしかわ

地図 p.53
JR近江八幡駅から🚌近江鉄道
バス長命寺行き7分♀大杉町八幡
山ロープウェイロ下車👣すぐ

　自家牧場で飼育した近江牛を使用。ステーキ(5280円～)のほか、一人鍋スタイルのすきやき御膳(3850円)も評判。

おみやげには近江うまか煮(200g1080円)も販売。

📞 0748-32-2336
📍 近江八幡市仲屋町中17
🕐 11:00～20:00(直販部は19:00まで)
🈺 火曜　Ｐ30台
🈂 すきやき御膳3850円

でっち羊羹
和た与
わたよ

地図 p.52
JR近江八幡駅から🚌近江鉄道
バス長命寺行き5分♀小幡町資料館前下車👣3分

　文久3(1863)年創業。竹皮に包まれた「でっち羊羹」は、ざらめを使ったあっさりした甘みが特徴で、お茶請けによく合う。米粉100％の「うゐろ餅」(594円～、黒糖うゐろ餅648円～)はもちもちした食感がくせになる。

📞 0748-32-2610
📍 近江八幡市玉木町2-3
🕐 9:00～18:00
🈺 火曜(祝日の場合は営業)
Ｐ4台
🈂 でっち羊羹1本324円

郷土料理
喜兵衛
きへえ

地図p.52
JR近江八幡駅から🚌近江鉄道
バス長命寺行き7分♀新町下車
👣すぐ

江戸末期に建てられた商家の座敷で郷土料理が味わえる。八幡堀の情緒を感じさせる黒漆喰に格子窓というたたずまいは、1857（安政4）年の建設当時の形で保たれている。近江牛に近江米、湖魚、赤こんにゃく、丁子麩など、近江の食材をふんだんに取り入れた喜兵衛膳がおすすめ。

♪ 0748-32-2045
📍 近江八幡市新町1-8
🕐 11:00〜14:30、18:00〜21:00
　（夜は1日1組、6名以上のみ。要予約）
🈂 水曜（祝日の場合は営業）
🅿 7台
💴 喜兵衛膳2970円

ヨシ製品
葭嘉 西川嘉右衛門商店
よしか にしかわかえもんしょうてん

地図p.56-B
JR近江八幡駅から🚌近江鉄道
バス長命寺行き15分♀円山下車
👣3分

琵琶湖水郷特産のヨシは品質日本一を誇る。ここは江戸期からヨシ卸産業を営む老舗で、簾や茅葺屋根の材料として全国に出荷している。また、琵琶湖ヨシ紙は独特の風合いをもち、封筒や葉書、名刺、書道水墨画用紙などにも使われている。

♪ 0748-32-2177
📍 近江八幡市円山町188
🕐 9:00〜19:00頃（要連絡）
🈂 不定
🅿 10台
💴 紙製品350円〜

そば
日牟禮庵
ひむれあん

地図p.56-C
JR近江八幡駅から🚌近江鉄道
バス長命寺行き5分♀小幡町資料館前下車 👣5分

信州八ヶ岳山麓産のそば粉を石臼で挽いた手打ちそばを楽しめる。趣のある店の建物は、かつての近江商人の邸宅。国の登録有形文化財に指定されている。腰の強いそばと濃い口のつゆの相性は抜群で、中庭の風情を楽しみながら味わいたい。

♪ 0748-33-2368
📍 近江八幡市西元町61
🕐 11:00〜14:30
　（売り切れじまい）
🈂 月曜・第3火曜
🅿 12台
💴 天ざる1450円

安土

安土

数々の史跡と戦国ロマン漂う町

織田信長が築いた絢爛豪華な安土城は、完成のわずか3年後、本能寺の変で焼け落ちた。その面影は、今は城跡の石垣や城郭資料館、考古博物館などで想像するほかない。兵どもが夢の跡を偲んで歩きたい。

安土への行き方

JR琵琶湖線安土駅下車。新快速は停車しない。京阪神方面からは、新快速を利用。野洲行きで乗り継ぎのいい便を使うと、大阪から約70分1520円、京都から約40分770円、米原からは23分420円。

見る＆歩く

安土城郭資料館
あづちじょうかくしりょうかん

地図p.62
JR安土駅から🚶すぐ

20分の1スケールで精密に再現された幻の安土城ひな型や、天正少年使節が信長から託された屏風絵をローマ法王に献上する行程を描いた、「屏風絵風陶板壁画」が見もの。喫茶やみやげコーナーもある。

📞 0748-46-5616　📍 近江八幡市安土町小中700
🕘 9:00〜17:00（最終入館16:30）　📅 月曜（祝日の場合は翌日）　💴 200円　🅿 30台

エリアの魅力

観光客の人気度
★★★
てくてく歩きの魅力
★★★
歴史遺産
★★★★★

標準散策時間：5時間
レンタサイクル利用（城郭資料館〜安土城跡〜文芸の郷〜観音正寺）

まわる順のヒント

駅から各観光地までは徒歩で約25分かかり、歩いてまわるのは厳しい。レンタサイクルなら約半分の時間で到達できる。見どころは安土城跡とその南東側に集中している。

観光・交通の問い合わせ

安土駅観光案内所
📞0748-46-4234
近江タクシー八幡
📞0748-37-0106
安土観光レンタサイクル深尾
📞0120-08-3190
安土駅前レンタサイクルたかしま
📞0748-46-3266

イベント＆祭り

●4月第1土・日曜：沙沙貴まつり（沙沙貴神社）
●6月第1日曜：あづち信長まつり（文芸の郷エリア）

安土

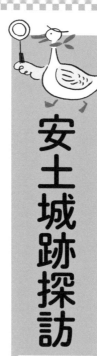

安土城跡探訪

天下統一の野望果たせずして
歴史に散った信長の夢の跡
多くの人が追想した
安土城跡内を歩く

安土城復元天主（安土城天主信長の館 p.62）©内藤昌　復元監修

安土城跡
あづちじょうせき

安土山一帯にある織田信長の居城跡。登山道が整備されているが、石段は急勾配なので、膝に負担がかからない靴を履いていくとよい。公衆トイレは麓のガイダンス施設内に。

☎ 0748-46-6594
（安土山保勝会）
📍 近江八幡市安土町下豊浦
🕐 8:30〜17:00（季節により変動あり）
🈳 無休
¥ 700円
※土・日曜、祝日に摠見寺の特別拝観（700円）を実施
Ｐ 150台　地図p.62
JR安土駅から大手門口まで
🚶25分

安土城跡の
石碑

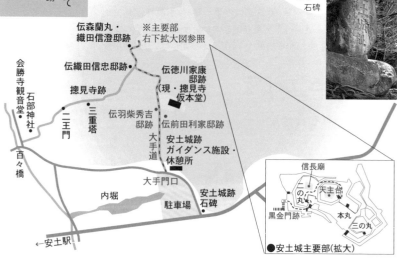

伝森蘭丸・織田信澄邸跡　※主要部右下拡大図参照

伝織田信忠邸跡

伝徳川家康邸跡（現・摠見寺仮本堂）

摠見寺跡

三重塔

二王門

伝羽柴秀吉邸跡

伝前田利家邸跡

大手道

安土城跡ガイダンス施設・休憩所

会勝寺観音堂・

石部神社・

百々橋

大手門口

内堀

駐車場

安土城跡石碑

← 安土駅

信長廟

一の丸　天主台

黒金門跡　本丸

三の丸

●安土城主要部（拡大）

琵琶湖を見下ろす近江・安土山に織田信長が築城を開始したのは、武田勝頼を長篠の合戦で撃ち破った翌年の1576（天正4）年。当代の最高技術をもった職人たちを動員し、1579（天正7）年に完成した。

五層七階の天主は、高さ約21.6mの石垣の上に、高さ約29.7mの楼閣が建てられた、日本の建築史上でも稀な木造高層建築。狩野永徳・光信が内部壁画を手がけ、最新技術を用いた瓦は奈良の職人によるもの。当時、世界でもこれほど大規模な木造建築はなく、宣教師も驚いて本国へ報告したほど。

壮美な安土城は3年後の本能寺の変で何者かによって焼かれ、天下統一を目前にした信長の夢とともに、歴史の狭間へ消えていった。再び姿を現したのは1940（昭和15）年。発掘調査により天主・本丸の礎石がほぼ完全な状態で発見された。

安土城跡の大手道

大手道
おおてみち

安土城にあるメインの登城ルート。城の常識から外れた直線的な石段で、賓客を迎えるための道ともいわれている。大手口から約180m進み、主郭部へと繋がる。踏み石に転用された石仏などに注目。

伝羽柴秀吉邸跡
でんはしばひでよしていあと

大手道西側の屋敷跡。羽柴秀吉の住居と伝わる。上下二段に分かれた郭で構成されており、間を幅2mほどの武者走り（通路）が縫っていた。1階を門、2階を渡櫓とする櫓門は、近世の城郭に多く使われたが、秀吉邸の櫓門は最古の例として貴重。

信長廟
のぶながびょう

秀吉が二の丸に建てたとされる信長の墓。四方を頑丈な石垣で囲い、中央に墓塔がある。信長を神として拝ませる「盆山」との説も。

GOAL
天主台　本丸

👟 7分

👟 10分

👟 5分

天主台・本丸
てんしゅだい・ほんまる

安土城独特の八角形をした天主台。中央には礎石がないことから、天主内部は建築史上国内初の吹き抜けだったのではともいわれている。また本丸跡の調査では、天皇の御殿である清涼殿と類似した平面を持つ建築物の礎石が発見された。

START
大手門口

👟 1分

👟 5分

黒金門跡
くろがねもんあと

天主、二の丸への入口にある門。家臣の屋敷と信長の住居や天主との境にされた。城内で最大級の石垣が使用されており、門の重大さをうかがい知ることができる。

伝前田利家邸跡
でんまえだとしいえていあと

大手道の東側にあり、上下三段の郭で構成されていた。内枡形の虎口の奥は厩、さらに奥の石段は奥座敷に続く。南側の広い石段は中心建物に続く道。伝前田邸と伝羽柴邸からは土器・陶磁器など多くの生活遺物が出土した。

安土城天主信長の館
あづちじょうてんしゅのぶながのやかた

地図 p.62
JR安土駅から🚶30分、🚴15分

　スペイン・セビリア万博に出展された安土城天主の5・6階の原寸大復元をメインに展示している。

　📞 0748-46-6512　📍 近江八幡市安土町桑実寺800
　🕐 9:00〜16:30　🈺 月曜(祝日の場合は翌日)
　💴 610円　🅿 230台(文芸の郷と共通)

セミナリヨ跡
せみなりよあと

地図 p.62
JR安土駅から🚶20分

　信長の信頼を得たイタリア人宣教師オルガンチノにより、1581(天正9)年に創建された日本最初のキリシタン神学校跡。安土城炎上の際に焼失し、現在推定地の一部は公園に。

　📍 近江八幡市安土町下豊浦　園内自由

安土城考古博物館
あづちじょうこうこはくぶつかん

地図 p.62
JR安土駅から🚶25分、🚴10分

　古代からの史跡エリア、近江風土記の丘にある博物館。織田信長と安土城に関する資料、安土城跡の300分の1地形模型などを展示している。他に、弥生時代、古墳時代の遺跡の復元模型、出土品なども展示。

　📞 0748-46-2424　📍 近江八幡市安土町下豊浦6678
　🕐 9:00〜16:30　🈺 月曜(祝日の場合は翌日)
　💴 450円(安土城天主信長の館との共通券860円)
　　※企画展・特別展は別途料金
　🅿 70台

観音正寺
かんのんしょうじ

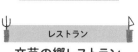

地図p.62　JR安土駅から🚶1時間30分、🚴15分+🚶40分

　西国三十二番札所。用明天皇の勅願で寺院建立の地を探している折に、繖山で天人が舞うのを見、また天照大神と春日明神のお告げにより、山頂の巨岩(現奥の院)に千手観音像を彫り安置したのが始まりと伝える。戦国大名六角氏の観音寺城跡でもある。本尊の千手観世音菩薩座像は、インド白檀の彫像で、日本一の像高を誇る。

　📞 0748-46-2549　📍 近江八幡市安土町石寺2
　🕐 8:00〜17:00　💴 入山料500円　🅿 25台

食べる

レストラン
文芸の郷レストラン
ぶんげいのさとれすとらん

地図 p.62
JR安土駅から🚶25分

　文芸の郷に併設されたレストラン。地元の豚を使った戦国焼定食や近江大中牛の信長ハンバーグ定食(写真、1300円)、地元特産品がセットになった安土御膳(1300円)などが味わえる。

　📞 0748-46-6555
　📍 近江八幡市安土町桑実寺800
　🕐 11:00〜14:00
　🈺 月曜、祝日の翌日(土・日曜・祝日以外)
　🅿 15台　💴 戦国焼定食1100円

ごかしょう　　地図　　**p.131-G**

五個荘

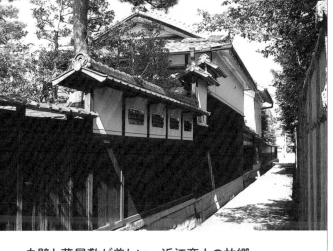

白壁と蔵屋敷が美しい、近江商人の故郷

近江商人の中では遅く、享保（1716〜1735）の頃から本格的に活動を開始した五個荘商人の町。のどかな田園風景の中に、軒を連ねる白壁と舟板塀の商人屋敷が並ぶ。

HINT

五個荘への行き方

大阪駅	JR琵琶湖線 新快速 1時間 9〜12分　1690円　近江八幡駅	
米原駅	JR琵琶湖線 新快速 13分　330円　彦根駅	能登川駅　近江鉄道バス 八日市行き 10分　330円　金堂バス停

近江八幡・彦根からは近江鉄道で五箇荘駅へ直行するルートが便利。
＊近江八幡〜五箇荘 27〜36分 590円
＊彦根〜五箇荘 27分 650円

HINT

まわる順のヒント

見どころは金堂という地区に集中し、ぷらざ三方よし（観光案内所）を拠点とするのが便利。ぷらざ三方よし（☎0748-48-6678）にはレンタサイクル（9:00〜17:00、1日500円）もある。

エリアの魅力

観光客の人気度
★★★
てくてく歩きの魅力
★★★★
歴史遺産
★★★★

標準散策時間：3時間
（ぷらざ三方よし〜近江商人屋敷〜中江準五郎邸〜近江商人博物館〜観峯館〜藤井彦四郎邸）

行き方・帰り方のアドバイス

JR能登川駅には新快速が停車し、五個荘方面へのバスとの接続も良好。バス停は金堂もしくはぷらざ三方よしで降りると観光案内所にも近い。近江八幡や彦根からなら近江鉄道で乗り換えなしで五箇荘駅へ行ける。

観光・交通の問い合わせ

東近江市観光協会
☎0748-29-3920
近江鉄道バス八日市営業所
☎0748-22-5511
近江鉄道（鉄道部）
☎0749-22-3303

イベント＆祭り

●2月上旬〜3月下旬：商家に伝わるひな人形めぐり（近江商人博物館他）
●9月最終日曜：ぶらっと五個荘まちあるき（町内一帯）

五個荘

てくさんぽ

五個荘

ごかしょう

もともとは、農閑期の副業として行商に出たのがはじまりとされる近江商人。五個荘は、その発祥の地のひとつとして知られ、今なお、成功して財を成した商人の往時をしのばせる屋敷や庭園などが残る。

まわる順のヒント

HINT

観光案内所のある「ぷらざ三方よし」まで、市営の「ちょこっとタクシー」(乗車30分前までに要予約:1回乗車200円)を利用すると楽。駅までちょこっとタクシーで戻りながら、散策がてら要所を見学するといい。歩くだけなら1時間ほどに。

01　散策 40分

五個荘の町並み
ごかしょうのまちなみ

江戸から昭和初期にかけて、五個荘の金堂地区から数多くの商人が出たが、彼らは生涯郷里を大切にし、五個荘の本宅をそのままに守り続けてきた。そのため、調和のとれた格調高い町並みが現在に至るまで保たれている。重要伝統的建造物群保存地区に選定。

♪0748-29-3920
(東近江市観光協会)
♀東近江市五個荘金堂町

オススメ!

JR能登川駅からバス利用の場合は、♀金堂か♀ぷらざ三方よしを起点にすると便利

クルマでのアクセスなら「ぷらざ三方よし」の駐車場を利用すると便利

02　見学 30分

五個荘近江商人屋敷 外村繁邸
ごかしょうおうみしょうにんやしき とのむらしげるてい

近江商人の家系に生まれ、近江商人を題材にした小説で知られる作家・外村繁の生家の蔵を文学館として開放。建物は長く住むことができるようさまざまな工夫が施され、当時の近江商人の生活を知ることができる。隣に外村家の本家にあたる外村宇兵衛邸がある。

♪0748-48-5676／♀東近江市五個荘金堂町／10:00～16:30／休月曜、祝日の翌日／¥400円(外村繁邸・中江準五郎邸の2館共通)／P10台

03　見学 30分

五個荘近江商人屋敷 中江準五郎邸
ごかしょうおうみしょうにんやしき なかえじゅんごろうてい

呉服店から一大百貨店を築き上げた三中井百貨店を創業した中江兄弟の五男の本宅を開放したもの。2階建切妻瓦葺で、蔵が2つある。庭は池泉回遊式で中央の池の周囲には石灯籠や巨石を配している。小幡人形と全国の土人形も常設展示。

♪0748-48-3399(外村宇兵衛邸)／♀東近江市五個荘金堂町／10:00～16:30／休月曜、祝日の翌日／¥400円(中江準五郎邸・外村繁邸の2館共通)／P10台

石馬寺
いしばじ

寺号の由来は聖徳太子の伝説から。この山麓に馬をつなぎ、山上に霊地を探して下山してみると馬が石と化して沼に沈んだという。十一面観音立像や役行者腰掛像など、平安・鎌倉時代に作られた重要文化財を公開している。

♪ 0748-48-4823／♀ 東近江市五個荘石馬寺町823／⏰ 9:00～16:00／㉻ 月曜(10名以上要相談)／¥ 500円／℗ 10台

06　見学30分

五個荘近江商人屋敷 藤井彦四郎邸
ごかしょうおうみしょうにんやしき ふじいひこしろうてい

近江商人屋敷で最も広大な、「スキー毛糸」で財を成した豪商藤井彦四郎の旧宅。五個荘商人の歴史、生活文化、民俗に関する資料を数多く展示している。建物は国登録文化財。琵琶湖を模した池を配した庭園が見もの。

♪ 0748-48-2602／♀ 東近江市宮荘町681／⏰ 10:00～16:30／㉻ 月曜、祝日の翌日／¥ 300円／℗ 25台

五個荘

地図

彦根へ／彦根へ

06五箇荘
近江商人屋敷
藤井彦四郎邸

12分

宮荘

12分

近江鉄道の五箇荘駅を起点とするなら、このルートで金堂地区へ

五箇荘駅

米原へ

ローソン

•観峯館 **05** **8**
五個荘郵便局 ⓣ

⛩竜田神社

20分

東近江市役所
五個荘支所

🏫五個荘中

竜田

10分

五個荘中央公園

新設湖南幹線東

N

称名寺卍

五個荘
1:17,400
0　　200m

周辺広域地図 P.131

近江鉄道

♪徒歩4分

八日市へ

04　見学30分

東近江市近江商人博物館・中路融人記念館
ひがしおうみしおうみしょうにんはくぶつかん・なかじゆうじんきねんかん

革新的な商法と不屈の精神で豪商へと出世していった近江商人を映像や模型で紹介している。天秤棒を持って写真が撮れるなど体験コーナーもある。中路融人記念館では、日本画家・中路融人が描いた湖国の原風景などの作品を展示。

♪ 0748-48-7101／♀ 東近江市五個荘竜田町583／⏰ 9:30～17:00／㉻ 月曜、祝日の翌日／¥ 300円／℗ 60台

散策のヒント

💡HINT

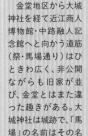

金堂地区から大城神社を経て近江商人博物館・中路融人記念館へと向かう道筋(祭・馬場通り)はひときわ広く、非公開ながらも旧家が並び、金堂とはまた違った趣がある。大城神社は城跡で、「馬場」の名前はその名残ともいわれる。

05　見学60分

観峯館
かんぽうかん

書の文化にふれる博物館。平成27年に新館がオープンし、他館よりの借用品や地域の文化財による特別展も開催。

♪ 0748-48-4141／♀ 東近江市五個荘竜田町136／⏰ 9:30～17:00／㉻ 月曜(祝日の場合は翌日)、ほかに展示替えなど休館あり／¥ 500円／℗ 30台

日野・永源寺・八日市

エリアの魅力

観光客の人気度
★★
てくてく歩きの魅力
★★★
歴史遺産
★★★

観光・交通の問い合わせ

日野観光協会
☎0748-52-6577
東近江市観光物産課
☎0748-24-5662
近江鉄道バス八日市営業所
☎0748-22-5511

イベント&祭り

●5月2・3日：日野祭（馬見岡綿向神社）
●5月第4日曜：東近江大凧まつり（愛知川河川敷）

万葉の歴史を伝える "蒲生野" と呼ばれるエリア

　日野椀や薬の行商で財を成した日野商人ゆかりの日野。木工技術で名を馳せた木地師の里・永源寺。八の付く日に市場を開いたことに由来する八日市。ともに古代から独特の文化を育てた地である。

HINT

日野・永源寺・八日市への行き方

　八日市へは近江八幡から近江鉄道で一本。日野へは八日市で貴生川方面へ乗り換える。近江八幡～日野のバスもある。日野町の中心部へはバス、レンタサイクル（松喜園☎0748-52-0012、1時間100円）も便利。八日市の観光地は駅から徒歩圏内。永源寺へは八日市からバスで。

見る & 歩く

近江日野商人館（日野の町並み）
おうみひのしょうにんかん（ひののまちなみ）

地図 p.131-G
近江鉄道日野駅から🚌近江鉄道バス北畑口行き8分
♀大窪下車🚶3分

　日野商人・山中兵衛門家の邸宅を資料館

として整備。周辺の岡本町、新町、清水町などには、日野商人華やかなりし頃の面影を残した町並みが続き、日野祭の曳山蔵が見られる。

☎0748-52-0007　📍日野町大窪1011
🕐9:00～16:00　🏠月・火曜（祝日の場合は翌日）
💴300円　🅿30台

世界凧博物館 東近江大凧会館

せかいたこはくぶつかん ひがしおうみおおだこかいかん

地図 p.131-G
近江鉄道八日市駅から🚶15分

東近江の大凧は江戸時代中期からの伝統。畳100枚分の大凧や日本各地、世界35ヶ国の凧を展示。100インチの画面で大凧の飛揚を見ることもできる。

📞 0748-23-0081 　♀ 東近江市八日市東本町3-5
🕐 9:00～17:00 　💰 300円 　🅿 20台
🚫 水曜・第4火曜、祝日の翌日(土・日曜は開館)

滋賀農業公園 ブルーメの丘

しがのうぎょうこうえん・ぶるーめのおか

地図 p.131-G
近江鉄道日野駅から🚌近江鉄道バス北畑口行き15分♀幅野町下車🚶10分

中世ドイツの農村をイメージ。牧場、パンやソーセージなどの手作り体験施設、地ビール工房など、家族で遊べる施設が集まる。季節の花が楽しめる花園や温室もある。

📞 0748-52-2611 　♀ 日野町西大路843
🕐 10:00～17:00(季節により変動あり)
🚫 水曜(冬期は木曜も) 　💰 1000円 　🅿 3000台

日登美美術館

ひとみびじゅつかん

地図 p.131-G
近江鉄道八日市駅から🚌近江鉄道バス永源寺車庫行き30分♀山上口下車🚶すぐ

陶芸家バーナード・リーチ作品の日本一のコレクションを誇るほか、中国の古陶磁器、棟方志功の版画などを収蔵、展示。

📞 0748-27-1707 　♀ 東近江市山上町2083
🕐 10:00～17:00 　🚫 無休(冬期不定休)
💰 500円 　🅿 10台

永源寺

えいげんじ

地図 p.131-G
近江鉄道八日市駅から🚌近江鉄道バス永源寺車庫行き35分♀永源寺前下車🚶すぐ

1361(康安元)年開山の臨済宗永源寺派の大本山。自然豊かな境内は楓に覆われ、秋には紅葉の名所として多くの人々でにぎわう。

📞 0748-27-0016 　♀ 東近江市永源寺高野町41
🕐 9:00～16:00 　🚫 無休 　💰 500円 　🅿 なし

木地師資料館

きじししりょうかん

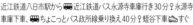

地図 p.131-H
近江鉄道八日市駅から🚌近江鉄道バス永源寺車庫行き30分♀永源寺車庫下車、🚌ちょこっとバス政所線乗り換え40分♀蛭谷下車🚶すぐ

ロクロで木の盆や椀、こけしなどを作る木地師は1100年以上の伝統を誇り、発祥は旧永源寺町といわれる。ここでは作品や氏子駈帳、鑑札、資料などを公開している。

📞 050-5802-3313 　♀ 東近江市蛭谷町 　🚫 12～3月
🅿 なし 　💰 300円(要電話予約) 予約時のみ開館

太郎坊宮

たろうぼうぐう

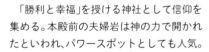

地図 p.131-G
近江鉄道太郎坊宮前駅から🚶20分

「勝利と幸福」を授ける神社として信仰を集める。本殿前の夫婦岩は神の力で開かれたといわれ、パワースポットとしても人気。

📞 0748-23-1341 　♀ 東近江市小脇町2247
参拝自由 　🅿 30台

万葉の森・船岡山

まんようのもり・ふなおかやま

地図 p.131-G
近江鉄道市辺駅から🚶5分

万葉集「蒲生野」にちなむ記念公園。額田王と大海人皇子の相聞歌の歌碑、万葉の植物約100種を集めた植物園などがある。

📞 0748-29-3920(東近江市観光協会)
♀ 東近江市野口町・糠塚町 　園内自由 　🅿 20台

彦根

ここ彦根は
ひこにゃんと
一緒に。Let's go!

エリアの魅力

観光客の人気度
★★★★★
てくてく歩きの魅力
★★★★
味・みやげ
★★★

標準散策時間：4時間
（彦根城〜夢京橋キャッスルロード〜花しょうぶ通り〜芹川堤）

行き方・帰り方のアドバイス

京阪神からは新快速で。日中、大阪は00、30分発の長浜方面行き。米原〜彦根は5〜6分だ。多賀へは近江鉄道が、米原、彦根からの直通、高宮での乗り換えを併せて、日中1時間に1〜2本ある。

観光・交通の問い合わせ

彦根観光協会
📞0749-23-0001
近江鉄道（鉄道部）
📞0749-22-3303
近江鉄道バス
📞0749-22-3306

イベント＆祭り

●4月1・2日：だるままつり（龍潭寺）
●9月中〜下旬：玄宮園で虫の音を聞く会（玄宮園）
●11月3日：ひこねの城まつりパレード（彦根城）

古さと新しさがとけ合う、小江戸情緒の城下町

彦根は、関ヶ原合戦後に城が築かれ、井伊家35万石の城下町として栄えた町。今もゆかりの史跡が残る。城下町を再現して人気を集めているのが「夢京橋キャッスルロード」だ。

彦根への行き方

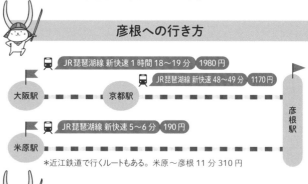

🚂 JR琵琶湖線 新快速 1 時間 18〜19 分　1980 円

🚂 JR琵琶湖線 新快速 48〜49 分　1170 円

🚂 JR琵琶湖線 新快速 5〜6 分　190 円

大阪駅　　　　京都駅　　　　　　　　　　　彦根駅

米原駅

＊近江鉄道で行くルートもある。米原〜彦根 11 分 310 円

まわる順のヒント

JR彦根駅の西口左手に観光案内所、バス・タクシー乗り場、駅前にはレンタサイクル（1回500円＝駅リンくん 📞0749-27-0761）がある。彦根城は最初に博物館を見学し、天秤櫓〜太鼓門櫓〜天守閣〜玄宮楽々園と巡るのが一般的なコース（約2時間）。その後は、夢京橋キャッスルロードに出て一服するのもいい。

エリアをつかむヒント

Ⓐ 彦根城

井伊家の居城として、天下屈指の名城に数えられる。天守閣が小高い丘にそびえ、町の至るところから仰ぎ見ることができるので、町歩きの目印には最もいい。

Ⓑ 佐和山

彦根駅裏手の低い山で、駅へ戻る時の目印。関ヶ原西軍の将、石田三成の居城があった所だ。佐和山城は五層の天守閣をもつ城だったといわれる。

彦根ご城下巡回バス

駅～龍潭寺～彦根城～夢京橋キャッスルロード～四番町スクエア～銀座街～京町～駅を1日13便運転（季節変動あり、冬期運休）。1乗車210円。彦根城などの入場券が割引になる1日券は400円。

彦根港
琵琶湖

米原へ→

東海道本線（琵琶湖線）

●龍潭寺

Ⓑ 佐和山
佐和山城跡● ▲233

玄宮楽々園

天守閣● Ⓐ 彦根城
天秤櫓●
彦根城博物館

●埋木舎
●市民会館
●護国神社
●彦根市役所

Ⓓ 駅前お城通り

Ⓓ 彦根駅

夢京橋あかり館● ●京橋

夢京橋キャッスルロード Ⓒ ●

●彦根郵便局

●四番町
スクエア

芹川堤

●天寧寺

近江鉄道多賀大社線

通り花しょうぶ

草津へ→ ↓八日市へ

彦根

Ⓒ 夢京橋キャッスルロード

彦根城の旧中濠に架かる京橋から、南西へ伸びる通り。みやげ物屋や食事処が並ぶこの周辺が江戸時代の彦根の町の中心で、城下町独特の折れ曲がった道筋が残っている。彦根城から向かう場合は、表門から出て右に行けば、近くてわかりやすい。

Ⓓ 彦根駅～駅前お城通り

彦根駅にはJRと近江鉄道が同居している（改札口は別）。駅から彦根城へとまっすぐ続いているのが駅前お城通りで、周辺は行政・商業エリアだ。

見る&歩く

彦根城
ひこねじょう

地図p.72-B
JR彦根駅から🚶15分

　関ヶ原の戦いの後、井伊直政の嫡子・直継が築城を始め、約20年をかけて完成。城内の金亀児童公園には、桜田門外の変で有名な13代藩主直弼の像や、彼を主人公とした舟橋聖一の小説「花の生涯」の碑などもある。

　📞 0749-22-2742　📍 彦根市金亀町1-1
　🕐 8:30～17:00（天守最終入場16:30）　休 無休
　💴 800円（玄宮園と共通）　🅿 335台（有料）

天守（国宝）

　城の中心をなす本丸（天主）は、三階三重、本瓦葺き。大津城からの移築といわれ、2、3階に花頭窓、唐破風と入母屋破風を設けているのが特徴だ。石垣は一見粗雑だが強固な牛蒡積。通し柱を避けた造りなど、内部の細やかな配慮も見逃せないところ。

いろは松

　城の表門橋に向かう中濠の沿道にある松並木。かつては47本あったところから、この名が付けられた。現在は33本が残る。

天秤櫓

　非常時には、落として敵の進入を防ぐ 役目もあった廊下橋を中心に、天秤のように左右に櫓が並ぶ。この天秤櫓は、長浜城からの移築と伝えられ、石垣の積み方も、よく見ると左右で異なる。左側は江戸後期の修復のために、切石の落とし積みになっている。

太鼓門櫓

　本丸表口を固め、城内合図の太鼓を置いたことから名付けられたと伝わる櫓門。石垣の一部は自然の岩壁を利用している。

玄宮楽々園

　第四代藩主直興が1677（延宝5）年に造営した彦根藩の下屋敷で、「槻御殿」とよばれていた。井伊直弼が生まれたのもここ。現在は国の名勝に指定され、庭園の部分を玄宮園、建物の部分を楽々園という。玄宮園の名は唐の玄宗皇帝の離宮にちなんだもので、園内の築山に建つ藩主の客殿（鳳翔台）も趣深い。また、鳳翔台越しに望む彦根城の天守閣も美しい（p.68写真）。

ひこにゃんに会える！

　全国で大人気のゆるキャラ"ひこにゃん"が彦根城天守前広場や彦根城博物館に登場。スケジュールは公式サイト（http://hikone-hikonyan.jp/）などで確認を。

彦根城博物館
ひこねじょうはくぶつかん

地図 p.72-B
JR彦根駅から🚶15分

　井伊家の名宝を中心に展示する博物館で、彦根藩の表御殿を復元した建物。井伊家を象徴する朱塗りの甲冑や武具、美術品など約9万1000点が収蔵されている。年に一度、国宝の「彦根屏風」の特別公開期間がある。

📞 0749-22-6100　📍 彦根市金亀町1-1
🕐 8:30〜17:00（入館は16:30まで）　❌ 12月25〜31日、臨時休館あり　💴 500円　🅿 なし

埋木舎
うもれぎのや

地図 p.72-B
JR彦根駅から🚶10分

　井伊直弼が17歳〜32歳までを過ごした家。兄弟が多く、十四男だった直弼は藩士に
なれそうにもない境遇から埋木と命名されたこの家で、文武の鍛錬に励んだ。

📞 0749-23-5268　📍 彦根市尾末町1-11
🕐 9:00〜17:00　💴 300円　🅿 なし
❌ 月曜、12月20日〜2月末日

俳遊館
はいゆうかん

地図 p.72-E
JR彦根駅から🚶15分

　落ち着いた家並みの中でも目を引く西洋建築のビル。大正時代の銀行の建物
で、旧彦根信用組合本店として建築された。耐震性の関係で現在は内部は非公開で外観見学のみ。

📍 彦根市本町1-3-24
💴 無料　🅿 10台

夢京橋キャッスルロード
ゆめきょうばしきゃっするろーど

地図 p.72-D
JR彦根駅から🚶20分

　"OLD&NEW"をコンセプトに整備された町並みにあって、江戸時代の城下町を再現した約350mの通り。みやげ物店、和菓子屋、飲食店、漬物店など、すべて切妻の町家風に統一された約40店舗が軒を連ねている。白壁、いぶし瓦、格子戸など、まるでタイムスリップしたような江戸情緒が漂う。

夢京橋あかり館

　彦根伝統の和ろうそくを中心に、「あかり」と「香り」のショップと、発祥の地と伝える彦根ならではの招き猫専門店からなり、手作りキャンドル体験もできる。

2階には、彦根の文化や歴史を紹介する「彦根まちなか博物館」も併設。

📞 0749-27-5501　📍 彦根市本町2-1-3
🕐 9:30〜17:30　❌ 火曜（祝日の場合は翌日）
💴 200円（2階のみ有料）　🅿 なし

宗安寺
そうあんじ

　表門が朱塗りで、通称「赤門の寺」。彦根藩の徳川家康公位牌と淀殿、石田三成公
の念持仏を安置。庭園は紅白の砂利の「彼岸百道の庭」。朝鮮通信使の宿舎でもあった。

📞 0749-22-0801　📍 彦根市本町2-3-7
🕐 9:00〜17:00　❌ 無休
💴 200円　🅿 10台

彦根

彦根

1:18,500

0 ────── 400m

周辺広域地図 P.130-131

琵琶湖

竹生島・多景島へ

彦根港

かんぼの宿彦根 P.134

松原町

米原へ

長寿院(大洞弁財天)

東海道本線(琵琶湖線)

彦根港
観光船乗り場

松原(二)

松原橋

松原(一)

城北小

近江高

陸上競技場
総合運動場
県営球場

彦根グリーンハイツ

馬場

カインズモール彦根

馬場

滋賀大

北野寺
北野神社

長曽根口

城町

長曽根町

城町

西中

円常寺

城町局

栄町一丁目

本町

陣痛石

裁判所

中薮

夢京橋あかり館 P.71
P.19 あゆの店きむら京橋店
P.17 せんなり亭伽羅
P.75 もんぜんや
宗安寺
池洲町南

夢京橋
キャッスルロード P.71

ひこね食賓館四番町ダイニング

中載橋

中薮町

平田橋

池洲橋

池洲町

池洲橋

旧足軽屋敷

芹橋
P.74 魚市

芹川堤

下後三条

後三条橋

後三条町

彦根
ニュータウン

彦根ニュータウン口

市営球場

金亀公園

楽々園

玄宮楽々園

鳳翔台

玄宮園

図書館

フレスポ彦根

スーパーセンター
トライアル

ひこね
ステーション
ホテル

彦根署

船町

黒門

金亀町

天守閣

太鼓門櫓

天秤櫓

彦根城 P.70

彦根城博物館 P.71

埋木舎 P.71

2分

3分

5分

市民会館

護国神社

元町

ホテルサンルート彦根

中村商家保存館

10分

大手門

いろは松

彦根キャッスルリゾート&
スパ

佐和町

新町

START
GOAL

ひこね

P.22 和菓子処
さわ泉

彦根市役所

彦根東高

京橋

彦根美濃の舎

しと重菓舗 P.75

うろわや P.75

俳遊館 P.71

四番町
スクエア P.72

芹橋

銀座

銀座町

千成亭

河原町

袋町

花しょうぶ通り

日本政策金融公庫

立花町

郵便局前

彦根郵便局

城東小

京町

京町

京町2

錦町

安清町

佐和山小

草津へ

八日市へ

彦根駅

アル・プラザ

大東町

京町

近江鉄道多賀大社線

彦根多賀大社線

彦根総合高

芹川町

観光案内所

新前刑務公庫

10分

四番町スクエア

よんばんちょうすくえあ

地図 p.72-D
JR彦根駅から🚶18分

　地域住民の手による商店街の再開発によって、2006(平成18)年にグランドオープンを果たしたショッピング・アミューズメントエリア。「大正浪漫」を基本コンセプトとして景観が整えられた街の中に、約40の飲食店や物販店が並ぶ。その中心にあるランドマーク的な存在が「ひこね街なかプラザ」(写真右)。ひときわ目立つ建物の1階には観光案内所があり、見どころやイベントなどの観光案内から商店街やショップの紹介まで、さまざまな情報が得られるので、街中散策の前に立ち寄ってみよう。

📞 0749-27-5820(ひこね街なかプラザ)
📍 彦根市本町1丁目、ほか

🚶徒歩8分

卍 龍潭寺 P.74

清涼寺

C

米原へ

佐和山
▲233
卍佐和山城跡
P.69

佐和山町

古沢町

8

佐和山トンネル

米原へ

彦根カントリー倶楽部♪

古沢町

F

里根町
外町

卍 天寧寺 P.74

🈂日吉神社

♀天寧寺口

草津へ

彦根IC・多賀へ

305

花しょうぶ通り
はなしょうぶどおり

地図p.72-E
JR彦根駅から🚶20分

　郷愁を誘う古い町並みが残る。小路に沿って創業300年の麹屋、和ろうそく屋、近代建築の理髪店、魚屋など、昔ながらの店が軒を連ねる。通りにある4つの街の駅は人気スポット。

📞 0749-22-7303（彦根商店街連盟）
♀ 彦根市河原町

TEKU TEKU COLUMN

時間があれば訪ねたい湖東の名刹
　湖東三山と呼ばれる三つの天台宗寺院は、琵琶湖の東、鈴鹿山脈の西側に位置し、永源寺（p.67）とともに紅葉の名所としても知られている。

西明寺
さいみょうじ

　平安時代の開山。祈願・修行道場として栄えた風情が漂う。織田信長の焼き打ちを免れた本堂や、三重塔は国宝。三重塔の初層内部にある壁画や、仏像美術、庭園、二天門などが見どころ。

JR河瀬駅から予約型相乗りタクシーで15分
📞 0749-38-4008　♀ 甲良町池寺26
🕐8:30～16:30　🈳無休　🅿300台
💰 600円（三重塔は春・秋のみ公開、雨天時中止、1000円。国宝の本堂後陣・仏像群拝観は夏・冬のみ、600円。いずれも公開日詳細は問い合わせを）
地図p.131-G

金剛輪寺
こんごうりんじ

　行基が奈良時代に開山したと伝えられる。本堂大悲閣は鎌倉時代の代表的和様建築で国宝。本尊の観音様は行基作といわれている秘仏。

JR稲枝駅からタクシーで約15分
📞 0749-37-3211　♀ 愛荘町松尾寺874
🕐8:30～17:00　🈳無休　🅿300台
💰 600円（茶室1000円）
地図p.131-G

百済寺（国史跡）
ひゃくさいじ　　くだら

　飛鳥時代、聖徳太子の発願で百済系渡来人のために創建された近江最古級の寺院。本尊は木造十一面観世音菩薩。本坊喜見院の池泉回遊式庭園が見事だ。
きけんいん

近江鉄道八日市駅からタクシーで約15分
📞 0749-46-1036　♀ 東近江市百済寺町323
🕐8:00～17:00　🈳無休　🅿250台
💰 600円
地図p.131-G

彦根

龍潭寺
りょうたんじ

地図 p.73-C
JR彦根駅から🚶25分

「だるま寺」としても知られる井伊家の菩提寺。造園学の原点ともいわれる禅寺で、「補陀落の庭」と呼ばれる枯山水の庭が名高い。蕉門十哲の森川許六の描いた襖絵もある。

📞 0749-22-2777　📍 彦根市古沢町1104
🕐 9:00～17:00（冬季は16:00まで）
🈚 無休　💴 400円　🅿 20台

旧鳥居本宿
きゅうとりいもとじゅく

地図 p.133-K
JR彦根駅から近江鉄道米原行き3分、鳥居本駅下車🚶5分

中山道の宿場町。往時の面影が薬屋の元合羽屋の看板や格子構えの家並み、常夜灯などに残る。

📞 0749-23-0001（彦根観光協会）
📍 彦根市鳥居本町

天寧寺
てんねいじ

地図 p.73-F
JR彦根駅東口から🚶15分

別名「萩の寺」。「必ず逢いたい人の顔が見つかる」という伝説がある、五百羅漢で有名だ。彦根藩11代藩主井伊直中が建立。

📞 0749-22-5313　📍 彦根市里根町232
🕐 9:00～17:00　🈚 無休
💴 400円　🅿 30台

多賀大社
たがたいしゃ

地図 p.133-K
近江鉄道多賀大社前駅から🚶10分

お多賀さんの愛称で知られ、かつては「お伊勢参らば、お多賀へ参れ、お伊勢お多賀の子でござる」と歌われたほど、多くの信仰を集める古社。延命長寿・縁結びの神としても知られ、宝物殿、桃山様式の奥書院庭園など多くの文化財や伝承が残る。

📞 0749-48-1101　📍 多賀町多賀604
🕐 9:00～16:00　🈚 無休　🅿 500台
境内自由（奥書院庭園は入園料300円）

買う&食べる

割烹・寿司
魚市
うおいち

地図 p.72-D
JR彦根駅から🚶20分

琵琶湖名物の「鮒ずし」が気軽に食べられ、好きな量だけ切り売りしてもらえ、テイクアウトできるのもうれしい。初夏から秋にかけて味わえる子鮎の天ぷら（860円）は最高。夏場だけの鮎のせごし

（860円～）もお見逃しなく。鮒ずしは毎年12月から提供され、その年の分がなくなると、品切れとなる場合がある。事前に問い合わせてから出かけよう。

📞 0749-22-2124
📍 彦根市芹橋2-9-15
🕐 11:30～14:00、17:00～21:30
🈚 火曜（祝日の場合は翌日）、
　　昼の部は不定休あり
🅿 5台　💴 鮒ずし1500円～

そば

もんぜんや

地図 p.72-D
JR彦根駅から🚶10分

　香り高い十割そばが名物。国内産そばを石臼挽きと手打ちで丹念に仕上げ、もりそばやせいろ、釜揚げ（ともに890円）などでいただく。利尻産の昆布、枕崎産の本枯れ節などをブレンドしたつゆは関東風で味わい深い。

📞 0749-24-2297
📍 彦根市本町1-6-26
🕐 11:00～売り切れ次第終了
休 火曜（祝日の場合は営業）
🅿 3台
💴 十割そば890円

そば

そば吉
そばきち

地図 p.133-K
近江鉄道多賀大社前から🚶15分

　基本は香り高い太打ちと口当たりのいい細打ちの2種。更科粉をベースにユズやケシの実などの風味を練り込んだ変わりそばは、常時4種類以上。それぞれ楽しめる三色盛りは950円。

📞 0749-48-1477
📍 多賀町多賀1615-1
🕐 11:30～18:00
休 月・金曜
🅿 15台
💴 三色盛り950円

和菓子

いと重菓舗
いとじゅうかほ

地図 p.72-E
JR彦根駅から🚶20分

　1809（文化6）年創業。彦根藩主井伊家に和菓子を納めていた老舗。『埋木舎』にちなんだ看板商品が「埋れ木」。白あんを求肥で包み、抹茶を加えた和三盆糖をまぶした銘菓で、ほのかに甘く上品な味わい。

📞 0749-22-6003
📍 彦根市本町1-3-37
🕐 8:30～18:00
休 火曜
🅿 3台
💴 埋れ木（6個入り）864円～

和菓子

多賀や
たがや

地図 p.133-K
近江鉄道多賀大社前駅から🚶10分

　白地に赤と青の筋が入った「糸切餅」は、鎌倉時代に蒙古軍の旗印を模した団子を弓の弦で切って神前に供えたのが由来とか。弾力のある餅は、刃物なしで切れるので平和や長寿の願いも込められている。

📞 0749-48-1430
📍 多賀町多賀601
🕐 8:00～17:00
休 無休
🅿 なし
💴 糸切餅（10個入り）650円～

陶器

うつわや

地図 p.72-D
JR彦根駅から🚶25分

　キャッスルロード沿いにあり、全国各地の味わいのある器をリーズナブルな価格で販売している。デザート鉢など、日常に使える手頃な食器が豊富に揃う。

📞 0749-27-2095
📍 彦根市本町1-7-39
🕐 10:00～19:00
休 火曜（祝日の場合は営業）
🅿 あり

琵琶湖博物館で自然と文化を知る

Ⓐ展示室
湖の400万年と私たち

DNAからわかった琵琶湖固有種の魚や貝たちのうつりかわり

HINT

見学のヒント
展示室は4つに分かれ、A→Cの順で琵琶湖の誕生から現在までを体系的に知ることができるが、興味がある分野だけを重点的に見ることも可能。ひと通り見学するには、最低でも約2時間はかかる。音声解説装置（中国語、英語、他）も貸し出されている（無料）ので活用したい。

　三重県伊賀市付近で誕生した琵琶湖は，時代とともに場所や形を変え、約40万年前に今のような姿になった。この展示室では、過去の琵琶湖とその周辺の環境を再現した展示を行っている。約200万年前の琵琶湖を再現したコーナーは、ジオラマの中を歩くことができて、タイムスリップしたような感覚を味わえる。

ココがポイント！
琵琶湖の歴史では、激しい気候の変化が繰り返されてきた。展示室ではとても寒かった氷期の気温を体験できる

Ⓑ展示室
「湖の2万年と私たち」

1F

入口 ◀ 　ディスカバリールーム
「楽しい体験学習」

Ⓑ展示室
湖の2万年と私たち

　発掘調査でわかった縄文時代の森の暮らし、生き物をとる水辺のなりわい、巨大な帆をはためかせて湖面を走る丸子船など、「森」「水辺」「湖」「里」を舞台に、滋賀県の多様な自然のなかで生きた過去の人びとの足跡をたどる。穴太遺跡の発掘調査の成果をもとに、縄文時代の森を実物大ジオラマで再現している。

ココがポイント！
湖上交通の主役「丸子船」は必見。船大工が1995年に堅田で建造し、湖上を走ってこの博物館に収められたもの

湖畔にある琵琶湖博物館は、「湖と人間」をテーマに約400万年前に誕生したといわれる世界でも有数の"古代湖"琵琶湖を、自然、文化、社会と多方面から研究し、人間と湖のよりよい共存関係を考える場。滋賀県のシンボル、琵琶湖のすべてを知るためには最適な場所だ。

琵琶湖博物館
📞 077-568-4811
🕙 10:00～16:30
㊡ 月曜（祝日の場合は開館）
💴 常設展示観覧料800円（企画展示は別料金）
🅿 420台　地図／p.32-B
JR草津駅から近江鉄道バス琵琶湖博物館行き25分🚏琵琶湖博物館下車🚶すぐ

Ⓒ 展示室（2階）
湖のいまと私たち「暮らしとつながる自然」

　琵琶湖とその周りの、身近な自然に加えて、人や暮らしの関わりについて展示している。琵琶湖の湖岸や周辺のヨシ原、水田、湖に流れ込む川や、その源となる比良や伊吹、湖南の山々など、それぞれの場所の環境やそこに棲む生物、また人と自然の関わりを、本物の標本や映像でリアルに表現している。

ココがポイント！
滋賀県内にすむ生物が、ずらりと並ぶ生き物コレクション

Ⓓ 水族展示室（1階）
湖のいまと私たち「水の生き物と暮らし」

　琵琶湖やその周辺に棲む魚に加え、日本の稀少な淡水魚、世界の古代湖に棲む生き物を見ることができる。琵琶湖固有種のビワコオオナマズや、ロシアのバイカル湖に棲息するバイカルアザラシなど、めずらしい生き物も展示されている。

2F

Ⓒ**展示室**
「湖のいまと私たち〔暮らしとつながる自然〕」

Ⓐ**展示室**
「湖の400万年と私たち」

Ⓓ**水族展示室（1階）**
「湖のいまと私たち〔水の生き物と暮らし〕」

ココがポイント！
琵琶湖の沖合いを再現したトンネル水槽では、さまざまな魚を見ることができる

ディスカバリールーム「楽しい体験学習」

　自然や人の暮らしについて、触れたり、体験することができる展示室。専門的な内容も解説は抜き。「見つけてみようーいきもののすみか」など、誰でも楽しみながら学べるようになっている。

草津市立水生植物公園 みずの森

　琵琶湖に生育する多彩な植物を背景に「植物と人、水と人とのふれあい」をテーマにした植物公園。
📞 077-568-2332　📍 草津市下物町1091　🕘 9:00～17:00（夏期7:00～、冬期9:30～16:00、温室は閉館30分前まで）
㊡ 月曜（祝日の場合は翌日）　💴 300円　🅿 100台　地図／p.32-B
JR草津駅から近江鉄道バスからすま半島行き25分🚏みずの森下車🚶すぐ

琵琶湖博物館で自然と文化を知る

てくさんぽ

旧東海道
（草津宿・石部宿）
きゅうとうかいどう（くさつじゅく・いしべじゅく）

中山道と東海道の分岐点・草津から鈴鹿峠の麓・土山までの間、4つの宿場があった。安藤広重が描いた頃の東海道五十三次の面影を探して、のんびり歩きたい。
地図 p.130-F、131-K

HINT
旧東海道への行き方

草津までは、京阪神、米原のいずれからも新快速利用が速い（大阪〜草津約50分1170円）。石部は草津からJR草津線に乗り換えて石部駅下車。水口は草津線・貴生川駅から近江鉄道またはバスに乗り換え。土山も貴生川駅からバス利用が便利。

HINT
まわる順のヒント

草津から土山までは約35km。交通の便は、このガイドとは逆に、土山から草津へ戻るように巡る方がいい。土山までの列車とバスの時刻を事前に調べておけば、その後の乗り継ぎは比較的楽だ。食事どころは少ないので、草津駅のロッカーに荷物を預け、お昼の弁当も草津で調達してから行くとよい。歩くだけでまる1日は必要だ。道中は比較的平坦だが、車の交通量が多いので注意。

観光・交通の問い合わせ

草津市観光物産協会
☎077-566-3219
栗東市役所商工観光課
☎077-551-0236
湖南市観光物産協会
☎0748-71-2157

甲賀市観光協会
☎0748-60-2690
滋賀バス（コミュニティバス）
☎0748-72-5611

草津宿〜石部宿
1:76,700
0　　　　1km

徒歩20分

広重「東海道五十三次　石部目川の里」はこのあたり

栗東駅
草津駅　草津市
史跡草津宿本陣01
草津宿
立木神社　草津市役所
京都へ
左下図
京都東ICへ

周辺広域地図 P.130

草津

1:23,000
0　　　　200m

78

草津宿

江戸時代に東海道と中山道の分岐点として宿場があったところ。最盛期には100を越える旅籠が軒を連ねており、今も本陣などがそのまま残る。

| 01 | 見学 30分 | ◎ |

史跡草津宿本陣
しせきくさつじゅくほんじん

国指定史跡。表門、座敷棟、湯殿などの貴重な建築が残る。浅野内匠頭や吉良上野介が利用した記録や、多数の関札といった資料も見学できる。

☎077-561-6636／♀草津市草津1-2-8／🕘9:00〜17:00／🈺月曜・祝日の翌日（土・日曜・祝日以外）／💴240円／🅿6台／JR草津駅から🚶10分

石部宿

「京立ち石部泊まり」といわれ、京都を早朝に出発した旅人が最初に泊まる宿場とされた。現在、当時の名残は少ないが、古い家屋が点在する街並みが面影を伝えている。

資料館は「東海道五十三次図」や大名の網代駕籠に関札などの展示もしている。

♪ 0748-77-5400（雨山文化運動公園管理事務所）／ ♀ 湖南市雨山2-1-1 ／ ⏰ 9:00 ～ 16:30 ／ ❌ 月曜・祝日の翌日 ／ ¥ 350円（歴史資料館と共通）／ Ⓟ あり／ JR石部駅から 🚶40分

---

④ 見学20分

旧和中散本舗大角家住宅
きゅうわちゅうさんほんぽおおすみけじゅうたく

薬を商って財を成した大角称右衛門の店舗兼住宅。建物は国の重要文化財に指定。贅を尽くした内部が見もの。

♪ 077-552-0971 ／ ♀ 栗東市六地蔵402 ／ ⏰ 10:00 ～ 16:00（4～9月は17:00まで）／ ❌ 無休／ ¥ 500円（1週間前までに要予約）／ Ⓟ 3台／ JR手原駅から 🚶30分

---

⑤ 見学30分

石部宿場の里
いしべしゅくばのさと

本陣をはじめ旅籠、茶店などを実物大で再現、展示。隣接の東海道歴史

彦根・米原へ

守山駅

車の往来が激しい

⑧

八日市ICへ

手原駅から旧東海道へは、駅を背に約150m歩き、稲荷神社のある交差点を左折する。幅は狭いが車は少なく楽に歩ける

栗東第二IC

地蔵尊

新善光寺

野洲川橋

石部駅を出てすぐ右折、細い道を抜ければ旧東海道。沿道に看板が出ているのですぐわかる

手原駅

稲荷神社

旧和中散本舗・大角家住宅 ④

野洲川氾濫のために開発された上道

栗東市役所

栗東IC

栗東湖南IC

栗東市

「融通のきかない人」の代名詞、石部金吉の由来となった元鉱山・灰山が残る

名神高速道路

吉御子神社

谷筋を登る坂道

石部宿場の里 ⑤

JRA栗東トレーニングセンターへ

金勝川

石部駅

石部宿

湖南市役所西庁舎

小島本陣跡

湖南市

北島酒蔵

常楽寺・長寿寺へ

吉姫神社

甲西大橋

湖南市役所東庁舎

甲西駅

由良谷、大砂川と天井川が続く

三雲へ

旧東海道

---

② 見学30分

草津宿街道交流館
くさつじゅくかいどうこうりゅうかん

江戸時代の町並みの復元模型などを展示。道中旅人の衣装に着替えての旅体験もできる。

♪ 077-567-0030 ／ ♀ 草津市草津3-10-4 ／ ⏰ 9:00 ～ 17:00 ／ ❌ 月曜・祝日の翌日（土・日曜・祝日以外）／ ¥ 200円／ Ⓟ 2台／ JR草津駅から 🚶15分

追分道標

この地点がまさに東海道と中山道の分岐点だった。

JR草津駅から 🚶10分 地図p.78

---

③ 菓子

うばがもちや本店

六角氏の遺児を乳母が餅を売って育てたことに由来。厳選小豆と草津産のもち米で作られる。

♪ 077-566-2580 ／ ♀ 草津市大路2-13-19 ／ ⏰ 9:00 ～ 19:00（土・日曜・祝日は8:30 ～ 19:00）／ ❌ 無休／ ¥ うばがもち18粒入り900円／ Ⓟ あり／ 地図p.78／ JR草津駅から 🚶15分

MAP てくさんぽ

旧東海道
（水口宿・土山宿）

きゅうとうかいどう（みなくちじゅく・つちやまじゅく）

本陣や旅籠の並ぶ町並みはきれいに整備され、今なお宿場町の面影を残している。

地図 p.130-J、131-K

水口宿

室町時代に伊勢大路の宿村として開かれ、秀吉の時代に町割りが定まる。徳川将軍の宿泊所として御殿（水口城）も築かれた。

---

03 見学30分

大池寺
だいちじ

奈良時代、行基が開基。小堀遠州が手掛けた枯山水の蓬莱庭園が見事。長浜に生まれ「きれいさび」といわれる日本文化を築いた遠州の神髄に触れることができる。石版の仏足跡や木造の屋根が掛かる仏母井、本尊の釈迦牟尼如来坐像などもある。

♪ 0748-62-0396 ／ ♥ 甲賀市水口町名坂1168 ／ ⏰ 9:00～17:00（冬期16:00まで）／ 休 不定 ／ ¥ 400円 ／ Ｐ 5台／JR貴生川駅から🚌あいーとバス広野台行き20分♀大池寺下車🚶5分

---

04 喫茶

蔵四季
くらしき

店主が集めた英国製アンティークが並ぶ。手作りケーキと炭火焙煎コーヒーが人気。

♪ 0748-62-8959 ／ ♥ 甲賀市水口町水口624-1 ／ ⏰ 10:00～19:00 ／ 休 月・火曜（祝日の場合は翌日）／ Ｐ 20台／近江鉄道水口駅から🚶8分

水口宿～土山宿

🎵 徒歩20分

1:71,200
0　　　1km

- 田園の中のまっすぐな一本道 ①
- 住宅街の中の道だが標識、休憩所が整備されわかりやすい
- **03** 大池寺
- 蔵四季 **04**
- 横田橋
- 三雲駅
- 横田の渡し跡
- 夜の川の往来のために建てられた大常夜灯が残る
- 草津線
- 駅前から水口方面行き路線バスが出る
- 甲西へ
- 水口宿
- 水口駅
- 水口新町
- 水口城資料館（水口城跡）**01**
- 水口城南駅
- 野洲川
- 日野へ
- 307
- 大池寺 Ｂ
- 水口松尾駅
- 近江鉄道水口・浦生野野跡
- 大岡寺
- 水口石橋駅
- 水口歴史民俗資料館 **02**
- 甲賀市役所水口庁舎
- 柏川
- 貴生川駅
- 307
- 信楽へ
- 信楽高原鐵道
- 柘植へ
- 高札場跡
- 「街道をゆく」と銘うった道標
- 新岩上
- 宿内三筋の通りのうち、真ん中を進む

---

01 見学30分

水口城資料館（水口城跡）
みなくちじょうしりょうかん（みなくちじょうあと）

「水口御茶屋」と呼ばれる将軍家の宿泊所として築かれ、小堀遠州が作事奉行を務めた。別名「碧水城」。本丸を囲む外堀には湧水をたたえ、水面には白い石垣が映る。現在は修景された櫓が、資料館となっている。

- 駅前から土山方面行き路線バスが出る

♪ 0748-63-5577（水口城資料館）／ ♥ 甲賀市水口町本丸4-80 ／ ⏰ 10:00～17:00 ／ 休 木・金曜、年末年始 ／ ¥ 100円 ／ Ｐ あり／近江鉄道水口城南駅から🚶5分

---

02 見学30分

水口歴史民俗資料館
みなくちれきしみんぞくしりょうかん

水口祭で巡行する二層露天四輪構造の曳山を展示。水口出身の文化人「巌谷一六・小波記念室」併設。

♪ 0748-62-7141 ／ ♥ 甲賀市水口町水口5638 ／ ⏰ 10:00～17:00 ／ 休 木・金曜、年末年始 ／ ¥ 150円 ／ Ｐ あり／近江鉄道水口城南駅から🚶2分

水口曳山祭

県無形民俗文化財。毎年4月、曳山が水口ばやしに乗って豪快に街中を走る。

土山宿

鈴鹿馬子唄で「坂は照る照る、鈴鹿は曇る、あいの土山雨が降る」と唄われた、鈴鹿峠の麓の宿場。東海道の西の難所をひかえ、繁盛したという。

05 見学20分

土山宿本陣跡
つちやまじゅくほんじんあと

江戸幕府3代将軍家光の上洛の際に設けられ、将軍も宿泊したという。奥に将軍の玉座があり、外には旅籠独特の造りが見られる。宿帳など、当時使用していたものが、今も残っている。

☎0748-66-0007／♀甲賀市土山町北土山1628／⏰10:00〜17:00（要予約）／🈺月曜／💰300円／🅿5台／JR貴生川駅から🚌あいくるバス田村神社行き30分♀近江土山下車🚶5分

06 見学30分

東海道伝馬館
とうかいどうてんまかん

古い土山宿の景観を再現し、その経済・文化を紹介する。復元された問屋場などがある。

☎0748-66-2770／♀甲賀市土山町北土山1570／⏰9:00〜17:00／🈺月・火曜／💰無料／🅿30台／JR貴生川駅から🚌あいくるバス田村神社行き30分♀近江土山下車🚶3分

07 喫茶

民芸・茶房うかい屋
みんげい・さぼううかいや

建物は190年前の商家を改築。いろり風テーブルで鴨南ばんそばやぜんざい抹茶を味わいたい。

☎0748-66-0168／♀甲賀市土山町南土山甲328／⏰10:00〜18:00／🈺不定／🅿近くに無料Pあり／JR貴生川駅から🚌あいくるバス田村神社行き30分♀近江土山下車🚶5分

08 見学20分

田村神社
たむらじんじゃ

坂上田村麻呂を祀り、厄除けの神として名高い。本殿には牡丹、孔雀、鳳凰などの彫刻が見られる。

☎0748-66-0018／♀甲賀市土山町北土山469／参拝自由／🅿1000台／JR貴生川駅から🚌あいくるバス田村神社行き35分♀田村神社下車🚶すぐ

09 みやげ

道の駅あいの土山
みちのえきあいのつちやま

旅人を食べる大蟹が退治され、供養に作られたのが「かにが坂飴」（1袋400円〜）。みやげに好評。

☎0748-66-1244／♀甲賀市土山町北土山2900／⏰9:00〜17:30／🈺火曜／🅿あり／JR貴生川駅から🚌あいくるバス田村神社行き35分♀田村神社下車🚶すぐ

店頭に吊され売られている

甲賀市

松並木の道

茶畑が目立つ

垂水斎王頓宮跡

松尾の渡し跡。橋はない

甲賀市役所土山支所

土山宿本陣跡 05

近江土山 B

東海道伝馬館 06

広重の「土山宿 春之雨」に描かれた橋が架かっていた。現在、海道橋という名で復元されている

土山中 B

田村神社 08

万人講常夜灯へ

甲南IC へ

新名神高速道路

甲賀土山IC

前田製茶本舗 S

民芸・茶房うかい屋 07

土山宿

道の駅 09 あいの土山

亀山西JCTへ

信楽

エリアの魅力

観光客の人気度
★★★
てくてく歩きの魅力
★★★
歴史遺産
★★★

標準散策時間：3時間
バス利用（信楽伝統産
業会館～滋賀県立陶
芸の森～紫香楽宮跡）

800年の焼物史を刻む土と炎の町

信楽が歴史上に現れるのは、奈良時代に聖武天皇が遷都を夢見た紫香楽宮から。六古窯のひとつである信楽焼は、狸の置物でも圧倒的な知名度を誇る。2017年に日本遺産に指定された。

 HINT

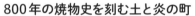

信楽への行き方

信楽へは草津で草津線に乗り換え、さらに貴生川で信楽高原鐵道へ乗り換え、信楽駅へ。JR石川駅から帝産湖南バスを利用もできるが、途中で乗換が必要、便数も少ない。

まわる順のヒント

信楽駅から延びる道の北側に窯元や陶器販売店が多い。レンタサイクルが信楽駅（1日500円～）と信楽伝統産業会館（1日500円）にあり、国道沿いに南北に連なるスポットを巡るのに便利。

観光・交通の問い合わせ

信楽町観光協会
☎0748-82-2345
信楽高原鐵道
☎0748-82-3391
帝産湖南交通
☎077-562-3020

イベント&祭り

●体育の日を含む3日間：
信楽陶器まつり（町内一帯）

見る&歩く

史跡紫香楽宮跡（寺院跡／内裏野地区）
しせきしがらきのみやあと（じいんあと／だいりのちく）

地図 p.130-J
信楽高原鐵道紫香楽宮跡駅から🚶15分

742（天平14）年、聖武天皇は離宮の造営をこの地で始め、翌743年にこの地で大仏建立の詔が出された。信楽での大仏は結局未完で終わり、奈良で引き継がれて完成したのが東大寺の大仏である。現在は建物の礎石が残されている。

☎0748-69-2250（甲賀市教育委員会歴史文化財課）
📍甲賀市信楽町黄瀬

MIHO MUSEUM
ミホミュージアム

地図p.130-J
JR石山駅より🚌帝産湖南交通バス・ミホミュージアム行き50分♀終点下車🚶すぐ

テーマは自然との融合。美術館棟へは、枝垂れ桜の並木道、光り輝くトンネル、深い谷に架けられた吊り橋を経て行く。設計は世界的建築家I.M.ペイ氏。南館はガンダーラの仏像など世界の古代美術品、北館では企画展が行なわれている。

📞 0748-82-3411　📍甲賀市信楽町田代桃谷300
🕙 10:00～16:00　💴 1300円　🅿 150台
🈺 月曜(祝日の場合は翌日/春期・夏期・秋期の季節閉館)

信楽町内のモニュメント　　地図／p.83-B

信楽では「文化の町」をテーマに各所にモニュメントを設置。個性的な姿が見られる。

買う＆食べる

近江牛
魚松 信楽店
うおまつしがらきてん

地図p.130-J　信楽高原鐵道紫香楽宮跡駅から🚶8分

創業90余年の老舗だが、料金はリーズナブル。すき焼き「松茸と近江牛豪快あばれ喰い食べ放題」(8250円90分。要予約)もおすすめ。

📞 0748-83-1525
📍甲賀市信楽町牧1785
🕙 11:00～21:00　🅿 あり
🈺 不定(9月～12月は無休)
💴 近江牛ステーキ4400円～

近江牛
陶園
とうえん

地図p.83-A
信楽高原鐵道信楽駅から🚶8分

近江牛の肉丼は質と量に納得の人気メニューだ。店内1階には信楽焼が約200点並ぶ。2階のギャラリーでは、展示即売も行なっている。

📞 0748-82-1495
📍甲賀市信楽町長野883-1
🕙 9:00～18:00(LO17:30)
🈺 木曜(祝日は営業)　🅿 5台
💴 近江牛の肉丼1100円～

信楽焼のすべて

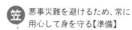

日本六古窯のひとつに数えられる信楽焼は、素朴でありながら風情のある肌合いで生活用具として広く長く愛され、2017年には日本遺産に指定された。

信楽狸 八相縁喜

信楽焼の愛嬌のある狸の姿は"八相縁喜"という、笠・目・顔・徳利・腹・通・金袋・尾の八つの縁起を表わしている。

笠 悪事災難を避けるため、常に用心して身を守る【準備】

目 常に気を配り、物事を正しく見ることを忘れずに【正しく見る】

顔 愛想よく笑顔で暮らし、心から何事にも励む【笑顔】

腹 慌てず騒がず、いつも大胆な決断力をもつ【冷静と大胆】

通 （帳面）世渡りは信用が第一。積み重ねることが大事【信用】

金袋 金銭の宝は自由自在に運用したい【金銭】

徳利 飲食に困らないよう、徳が持てるよう努める【人徳】

尾 物事の終わりには、しっかりと身を立てることが真の幸せ【終わりは大きく】

信楽焼の歴史

ルーツは鎌倉時代中期、室町時代に発展。江戸時代に考案された登り窯で生まれた「火色」「灰被り」「焦げ」が素朴で肌合いのよい作風を生み出した。

信楽焼・最大のイベント

信楽陶器まつり

恒例の「信楽陶器まつり」は、毎年10月の体育の日を含む3連休に、甲賀市役所信楽地域市民センター周辺の特設会場で行なわれる。陶器はもちろん、地元の物産販売や食のコーナーなどもあり、信楽焼最大のビッグイベントだ。

♪ 0748-82-0039
（信楽卸商業協同組合）

信楽焼の代名詞はなぜタヌキ？

愛嬌たっぷりのタヌキのルーツは、室町時代の茶会で飾られた置物まで遡るといわれる。現在の姿になったのは昭和初期。「狸庵」初代、藤原銕造氏が独特な形にしたタヌキを造り、昭和天皇の信楽訪問の際、旗を持たせて並べて、全国的に知られるようになった。

信楽焼を知る

甲賀市信楽伝統産業会館

信楽焼特有の緋色のタイルで覆われた資料館。鎌倉時代中期〜現代までの焼き物を展示。体系的に信楽焼の基礎知識が学べる。

- ♪ 0748-82-2345
- 📍 甲賀市信楽町長野1203
- 🕐 9:00〜17:00　¥ 無料
- 休 木曜（祝日の場合は翌日）
- P 6台　地図／p.83-A
- 信楽高原鐵道信楽駅から🚶7分

滋賀県立陶芸の森

小高い丘に広がる、焼物テーマパーク。陶芸専門の美術館である陶芸館、産業製品を紹介する産業展示館、陶芸家が滞在し、制作する創作研修館などから成る。信楽の町を眼下に、レストラン、散策コース「松陰の小径」などがある。

- ♪ 0748-83-0909
- 📍 甲賀市信楽町勅旨2188-7
- 🕐 9:30〜17:00
- ¥ 無料（陶芸館のみ有料）
- 休 月曜（祝日の場合は翌日）
- P 250台　地図／p.83-B
- 信楽高原鐵道信楽駅から🚶20分

信楽焼ショッピング

食器の専門店「窯元 うつわ」

建物は古い民家を移築。店主自作の器は多くの料理店で使われている。使い回しの利く賢い器こそ必要と語る店主は、会話から相手の好みをつかみ食器選びをサポート。初心者でも買い損じがない。

- ♪ 0748-83-0999
- 📍 甲賀市信楽町勅旨2048-1
- 🕐 10:00〜19:00（季節により変更あり）
- 休 金曜　P 10台
- ¥ 飯炊き鍋8250円〜
- 地図／p.130-J
- 信楽高原鐵道玉桂寺駅から🚶8分

ユニーク・タヌキスポット!?

狸家分福
（たぬきやぶんぷく）

ドデカイ狸が店そのもの。1階は自家製麺のうどんや丼物などの食事処と、天然温泉の足湯「足楽の湯」（土・日曜、祝日営業330円）がある。2階は信楽焼などの販売スペースになっている。

- ♪ 0748-82-2828
- 📍 甲賀市信楽町西459
- 🕐 9:00〜18:00
- 休 木曜（祝日の場合は営業）
- P 30台　¥ 狸うどん880円
- 地図／p.83-A
- 信楽高原鐵道信楽駅から🚶35分

ココがポイント！
信楽一大きな狸！

信楽焼体験！

宗陶苑
（そうとうえん）

信楽焼の窯元で、予約すれば陶芸教室で自分の作品を作ることができる（約90分）。講師が作陶指導してくれるので、初めてでも安心だ。手回しろくろのほか、電動ろくろを使っての作品づくりも可能。

- ♪ 0748-82-0316
- 📍 甲賀市信楽町長野1423-13
- 🕐 10:20、13:00、14:30の3回（要予約）
- 休 不定　P 100台
- 地図／p.83-A
- 信楽高原鐵道信楽駅から🚶15分

大小屋
（おおごや）

レンガ風の大きな洋館。広々とした店内では、信楽焼の陶器のほかに食品や雑貨も販売。また、磨りガラスの天井が開放的なカフェレストランでは、ビーフカレーをはじめ近江牛のメニュー、また各種ケーキセットなどが充実。陶芸教室やドッグランも併設している。

- ♪ 0748-83-2220
- 📍 甲賀市信楽町勅旨2349
- 🕐 10:00〜17:00（日曜・祝日は延長あり）
- 休 不定　P 200台
- 地図／p.83-B
- JR石山駅から🚌帝産湖南交通バス田上で乗り換え信楽行き50分 ♀ 陶芸の森下車🚶すぐ

甲賀忍者の里

忍術博物館に忍者道場、からくり屋敷と忍者体験「忍術村」がある甲賀町。甲賀武士団五十三家のひとつ、望月家の屋敷が現存する甲南町と、忍者スポット充実の甲賀市で遊ぶ。

甲賀・甲南への行き方
　甲賀、甲南へは、JR琵琶湖線で草津へ行き、草津線の柘植行きに乗り換え。日中、草津線の半数は途中の貴生川折返しなので注意。甲賀、甲南方面へは1時間ごとの運転。

甲賀流忍術屋敷
こうかりゅうにんじゅつやしき

　甲賀忍者五十三家の筆頭格、望月出雲守の住居として元禄年間に建てられたもの。現存する忍者屋敷は貴重な存在だ。実際に使われたからくりの巧技には舌を巻く。ガイドの案内により見学が可能。

ココがポイント！
ふつうの戸に見えるどんでん返し。その横に抜穴が

- ☎ 0748-86-2179
- 📍 甲賀市甲南町竜法師2331
- ⏰ 9:30〜17:00（最終入館16:30）
- 休 無休　¥ 600円
- P 50台　地図／p.131-K
- JR甲南駅から🚶25分

甲賀の里 忍術村
こうかのさと にんじゅつむら

　甲賀忍者の手裏剣や薬、秘伝書「万川集海」の実物などを展示した資料館。忍者道場で体験もできる。現存する忍者屋敷を移築したからくり屋敷は、一見平凡な平屋だが実は中二階のある三階建て。落とし穴に吊り階段や落とし天井、秘密の抜け穴と、敵の侵入を防御する造りになっている。

- ☎ 0748-88-5000
- 📍 甲賀市甲賀町隠岐394
- ⏰ 10:00〜17:00
- 休 月曜（祝日の場合は翌日）、春・夏休みは無休
- ¥ 入村料1100円、衣装レンタル1100円
- P 80台　地図／p.131-K
- JR甲賀駅から送迎バス（要予約）で7分

菓子処 菓子長
かしどころ かしちょう

　創業明治6（1873）年。一番人気は「甲賀忍法・くノ一最中」。北海道十勝産の小豆を使用し、近江羽二重餅の香りよい皮で包んであり、甘さ控えめの上品な味わいが好評。チーズケーキなど、洋菓子職人によるスイーツもある。

- ☎ 0748-86-0001
- 📍 甲賀市甲南町野田594-4
- ⏰ 9:00〜18:00
- 休 無休　P あり
- 地図／p.131-K
- JR甲南駅から🚶10分

甲賀忍者の歴史

　中世の武士団が「甲賀忍者」の起源。貧しい地域ゆえ、自衛のため少人数でも武力を発揮できる術を身に付けたという。1487（長享元）年、六角氏の軍勢を夜襲して敗走させ、世に知られることとなる。江戸時代以降、猿飛佐助や霧隠才蔵が小説や講談などの主人公として描かれたが、あくまでフィクション。忍者の実体は超人などではなかった。

湖北

旅する前に知っておこう！

湖北へのはじめの一歩

琵琶湖の北部に位置する交通の要所・米原、
湖の北東部には豊臣秀吉が城下町を築いた長浜。
この2つの都市を足がかりに湖北の観光は始まる。

 HINT
湖北の魅力を知る

長浜を中心に、北は越前、東は美濃に接する地域が「湖北」と呼ばれる。主要交通路がエリア内を通過するが、都市化の影響を受けることが少なく、純朴な自然、文化が残されている。

気候風土は雪国のもの。しばしばかなりの積雪を見る。琵琶湖もこのあたりまで来ると、古来の湖の面影をかなり残している。伊吹山、竹生島、余呉湖と、心洗われる風景には事欠かない。

そして何より、姉川や賤ヶ岳の合戦に代表される歴史物語や、点在する古仏など、隠された魅力に満ちている。

 HINT
中心ターミナルとなる米原を知っておく

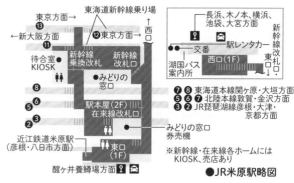

●JR米原駅略図

 HINT
湖北をまわる順のヒント

湖北のメインライン・JR北陸本線へは、京阪神方面から長浜まで、日中毎時2本新快速が直通（p.24参照）。さらに木ノ本、余呉方面へは、新快速のうち毎時1本が近江塩津まで直通。湖西方面との相互間は新快速に乗ると、近江塩津で基本的にすぐ接続があるので便利だ。バス路線の大半は本数が少ないので、レンタサイクルなども活用したい。

行き方・帰り方のアドバイス

長浜へ直通する新快速は日中の場合、三ノ宮を毎時7、37分発。大阪、京都はともに毎時00、30分発。朝のラッシュ時は時刻が前後に変則的になるが、終日、運転されている。

湖北エリアの玄関口はJR米原駅。新幹線と在来線の接続駅で、東日本から湖東方面への拠点駅でもある。長浜・木ノ本方面へ向かうのは北陸本線。米原駅周辺に大きな市街地はなく、駅舎も簡素。KIOSKや売店は各ホーム、新幹線乗り換え口周辺などにある。

湖北の旅でぜひ活用したいのが、米原〜木ノ本を走る「SL北びわこ号」（JR西日本 ☎0570-00-2486）や、テーマを設けて観光地を走る「循環バス」（詳細は長浜市観光振興課 ☎0749-65-6521）、長浜観光協会（☎0749-65-6521）主催の季節限定ツアー。充実した内容で、お得感も。

長浜

黒壁スクエアに楽市楽座の伝統を受け継ぐ
秀吉ゆかりの城下町

　長浜を開いたのは羽柴秀吉。"今浜"を居城とした際、主君・織田信長の名から一字を拝領して"長浜"と改めた。その後、江戸時代にはいったん長浜城は廃城となったが、長浜の町は北国街道の宿場町、および商業の中心地として、繁栄を続ける。下って明治時代。東海道本線全通前はここが鉄道と湖上の連絡船の乗り継ぎ場所だった。その賑わいは、現存最古の駅舎・旧長浜駅に面影を残している。今、駅前には観光客でにぎわう黒壁スクエアが広がる。昔と今が調和した、居心地のいい町並みを楽しみたい。

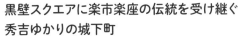

!HINT

長浜への行き方

京阪神からは毎時2本の新快速で。米原からは約10分の距離。

| JR琵琶湖線 新快速約1時間40分 | 1980円 |
| JR琵琶湖線 新快速1時間5分 | 1340円 |

大阪駅　　京都駅　　長浜駅

JR東海道本線快速・特別快速約1時間10分　JR北陸本線 新快速約10分　1520円

名古屋駅　　米原駅

＊JR特急しらさぎ利用なら乗り換えなし、名古屋～長浜72～74分 3700円～

エリアの魅力

観光客の人気度
★★★★★
てくてく歩きの魅力
★★★
味・みやげ
★★★★

標準散策時間：3時間
（長浜城～鉄道スクエア～成田美術館～黒壁スクエア～長浜別院大通寺）

行き方・帰り方のアドバイス

　京阪神方面から新快速が直通。帰路も長浜始発の列車を選び、木ノ本方面からの接続列車が着く前に乗れば座りやすい。名古屋と北陸を結ぶ、特急「しらさぎ」のうち3往復も長浜に停車。名古屋方面、東京方面からの新幹線乗り継ぎで訪れるのなら利用価値がある。

観光・交通の問い合わせ

長浜市観光振興課
♪0749-65-6521
湖国バス長浜営業所
♪0749-62-3201

イベント＆祭り

●1月上旬～3月上旬：長浜盆梅展（慶雲館）
●毎年2月中旬～：あせび展（大通寺）
●4月12～17日：曳山まつり（長濱八幡宮）
●毎年10～11月：長浜出世まつり（市内一円）

長浜

まわる順のヒント

観光案内所はJR長浜駅と黒壁スクエアにあり、「湖北観光情報センター四居家」では、

JR長浜駅

湖北一帯の観光情報を入手できる。観光スポットは駅からほぼ徒歩圏内。神照寺、国友村へは、レンタサイクル（旅チャリセンター♪0749-65-5585、1日500円）を使うのもいい。駅からまずは琵琶湖側へ。駅そばに長浜城、豊公園、長浜鉄道スクエアへもすぐだ。黒壁スクエアへは、ガス灯や旧開知学校を眺めてから入ろう。ただし、17時頃には閉店する店が多いので注意。

エリアをつかむヒント

Ⓐ 黒壁スクエア周辺

町歩きのメインエリア。駅を背に駅前通りを歩き、滋賀県で初めて設立された小学校である「旧開知学校」（国の登録文化財）の角を左折すれば、黒壁スクエア（→p.96参照）だ。曳山博物館は東隣り。道は旧北国街道で、昔の趣を残した街並み。ガス灯や常夜灯、うだつを残す建物などがある。

黒壁ガラス館

Ⓑ 長浜城周辺

JR駅の周辺に見どころが集まっており、駅に隣接する長浜鉄道スクエアから、長浜城へもすぐ。

長浜市の中心部と長浜城方面を結ぶ自由通路があり、東西の行き来も便利だ。駅の西側に広がる琵

琶湖にはホテルが数軒、湖畔に建ち、竹生島行きの船（→p.99参照）が出る港もある。

木ノ本へ→
北陸本線

湖岸道路

長浜駅北側 Ⓔ
豊国神社 ●

長浜駅 ⓘ

長浜城 Ⓑ ●●長浜城歴史博物館

長浜鉄道スクエア
旧長浜駅舎

慶雲館
（長浜盆梅展会場）

豊公園

長浜文化芸術会館●

竹生島めぐり●
観光船乗り場

長浜港

琵 琶 湖

竹生島へ↙

90

ⓔ JR長浜駅北側・大通寺

駅北には、豪壮な門構えと庭園で有名な大通寺や、豊臣秀吉を祭神(出世の神様)とする豊国神社がある。豊国神社は、六瓢箪(むびょうたん)＝無病に通じるとされる長浜六瓢箪巡りの一番札所。散策のスタートにふさわしい。

豊国神社

一歩足をのばして 旧国友村へ

長浜市街地の北方、姉川沿いにある旧国友村を訪れるのもおすすめ。戦国の歴史を一変させた火縄銃の一大生産地であり、その伝統は江戸時代まで続いた。長浜市街地よりも虎姫町の方が近く、長浜駅前からレンタサイクルで行くならば、国友鉄砲の里資料館(p.95)や神照寺(p.94)を見学したあと、旧浅井町、姉川古戦場方面へ抜けるのもいい。

国友鉄砲の里資料館

長浜

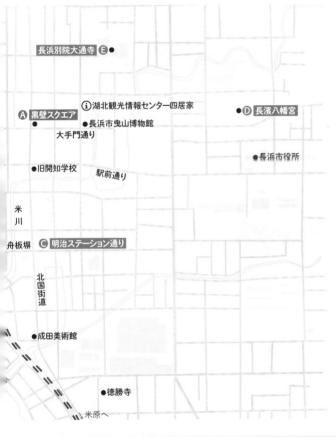

長浜別院大通寺 ⓔ●

ⓐ 黒壁スクエア ●
ⓘ湖北観光情報センター四居家
●長浜市曳山博物館
大手門通り
●ⓓ 長濱八幡宮

●旧開知学校
駅前通り
●長浜市役所

米川

舟板塀 ⓒ 明治ステーション通り

北国街道

●成田美術館

●徳勝寺

米原へ

ⓓ 長濱八幡宮周辺

長浜の町自体はそれほど広くなく、駅から20分ほど歩いた長濱八幡宮付近が観光エリアの東端になる。

ⓒ 明治ステーション通り

旧北国街道と交差し、旧長浜駅舎や長浜鉄道スクエア方面へ向かう道は、かつての駅前通り。舟板塀をはじめ、昔の長浜の面影が色濃く残り、ノスタルジックな散策路となっている。

長浜城
ながはまじょう

地図 p.94-A
JR長浜駅から🚶 7分

　秀吉の天下統一への足がかりとなった出世城として知られる。現在の天守閣は、1983（昭和58）年に市民の寄付等で再興したもの。城内には歴史博物館があり、湖北の歴史や文化、秀吉と長浜にまつわる資料などを展示。長浜の市街や琵琶湖を一望できる。

📞 0749-63-4611（長浜城歴史博物館）
📍 長浜市公園町10-10　🕐 9:00～17:00
🈺 年末年始　💴 410円　🅿 あり（有料）

慶雲館
けいうんかん

地図 p.94-E
JR長浜駅から🚶4分

　明治時代、長浜の豪商浅見又蔵氏が、明治天皇・皇后行敬の際に建てた迎賓館。初代総理大臣の伊藤博文が命名したと伝わる。当時活躍した京都の名匠、7代目小川治兵衛が手掛けた庭園が見事。長浜盆梅展の会場でもある。

📞 0749-62-0740　📍 長浜市港町2-5
🕐 9:30～17:00（入館は16:30まで）
🈺 12月上旬～3月下旬
💴 300円（盆梅展期間中は500円）　🅿 なし

長浜鉄道スクエア
ながはまてつどうすくえあ

地図 p.94-E
JR長浜駅から🚶3分

　1882（明治15）年に日本で3番目となる官設鉄道路線（敦賀～長浜）の始発駅として建設された。現存最古の駅舎として、鉄道記念物に指定されている「旧長浜駅舎」を中心に整備された鉄道博物館。旧駅舎は営業当時の姿が保存されている。また、貴重な産業遺産である鉄道資料を展示する「長浜鉄道文化館」や、急勾配に悩まされた北陸本線で活躍したD51形蒸気機関車とED70形交流電気機関車を展示し、輸送改良の歴史を伝える「北陸線電化記念館」も併設している。

📞 0749-63-4091　📍 長浜市北船町1-41
🕐 9:30～17:00（入館は16:30まで）
🈺 年末年始　💴 300円　🅿 なし

ながはまぼんばいてん
長浜盆梅展

　1952（昭和27）年から始まった、盆栽の梅の展示会。春の長浜の風物詩だ。樹齢400年と伝える古木や、約3メートルの大木など、長浜市が所有する約300鉢の梅のうち、花が盛りの約90鉢が選ばれ、慶雲館の各部屋に展示される。

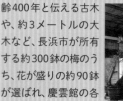

🕐 1月上旬～3月上旬の9:00～17:00
　（入館は16:30まで）
📞 0749-62-0740（慶雲館）

成田美術館
なりたびじゅつかん

地図p.94-E
JR長浜駅から🚶10分

　20世紀初頭に流行したアール・デコを代表するガラス作家で、宝飾デザイナーでもあるフランス人のルネ・ラリックの作品を、幻想的に展示。テーマごとに展示作品は替えられ、香水瓶や花びんなどさまざまなガラス工芸品を鑑賞できる。

📞 0749-65-0234　📍 長浜市朝日町34-24
🕙 10:00〜17:00　🏠 月曜(祝日の場合は翌日)
💴 800円　🅿 5台

黒壁オルゴール館
くろかべおるごーるかん

地図p.94-B
JR長浜駅から🚶10分

　オルゴールを中心に、ランプや人気のジブリコーナーが広がる店内。好きな曲のオルゴールにガラス細工やガラスの砂を接着して、自分だけのデコレーションオルゴールが作れる体験もある。

📞 0749-63-2255　📍 長浜市元浜町12-38
🕙 平日11:00〜16:00、土・日・祝10:00〜17:00
🏠 水曜　🅿 なし

長浜市曳山博物館
ながはまししひきやまはくぶつかん

地図p.94-B
JR長浜駅から🚶7分

　ユネスコの無形文化遺産に登録された、2基の本物の曳山や情報パネルなどを展示し、曳山まつりをわかりやすく紹介する。舞台模型で、曳山の高さや広さを体感できる。

📞 0749-65-3300　📍 長浜市元浜町14-8
🕙 9:00〜17:00(入館は16:30まで)
🏠 年末年始　💴 600円　🅿 なし

長浜別院大通寺
ながはまべついんだいつうじ

地図p.94-B
JR長浜駅から🚶15分

　総けやき造りの山門や伏見城の遺構と伝わる本堂、大広間が、豪壮な桃山文化を今に感じさせる。円山応挙や狩野山楽らの襖絵や壁画を間近に鑑賞し、国の名勝である含山軒庭園を静かに眺めることができる贅沢さ。2月下旬〜4月中旬にはアセビの盆栽展も開催。

📞 0749-62-0054　📍 長浜市元浜町32-9
🕙 10:00〜16:00　🏠 年末年始
💴 500円　🅿 あり

長濱八幡宮
ながはまはちまんぐう

地図p.95-C
JR長浜駅から🚶20分

　源義家が石清水八幡宮の御分霊を祀ったのが起源といわれ、950年の歴史をもつ長浜の氏神。戦国時代には秀吉の庇護も受けた。毎年4月12日から17日にかけて、豪華な山車や子ども歌舞伎で賑わう「曳山まつり」の本社でもある。

📞 0749-62-0481　📍 長浜市宮前町13-55
参拝自由　🅿 100台

POINT てくナビ/長濱八幡宮前から西へと延びる大手門通りが、毎年4月15日、長浜曳山まつりで曳山がお旅所まで移動する道筋。子ども歌舞伎はこの通りでも行なわれ、日頃の静かな町並みが一変して、大賑わいとなる。

神照寺

じんしょうじ

地図 p.101-D

JR長浜駅から🚶40分、または🚌湖国バス浅井線
浅井支所前行き11分 ♀神照寺前下車🚶すぐ

　895（寛平7）年建立の長浜最古の寺。国
宝の金銀鍍透彫華籠は、繊細な意匠が見事
な法具で、何度も海外で展示されている。千
手観音像、見返不動明王などの貴重な文化
財も残る（拝観要相談）。江戸時代中期作の
庭園も風情があり、萩の名所としても名高
い。

📞 0749-62-1629　📍 長浜市新庄寺町323
🕐 9:30～15:30　🅿 50台
※2021年5月現在、拝観休止

国友鉄砲ミュージアム
くにともてっぽうみゅーじあむ

地図p.101-D
JR長浜駅から🚌湖国バス浅井線浅井支所前行き11分♀国友鉄砲の里下車🚶すぐ

　国友村は戦国期において、堺、根来と並ぶ日本三大鉄砲産地のひとつであり、精度では日本一とも称された、いわば"ハイテク"の村。その技術は江戸時代末まで受け継がれてきた。国友の鉄砲文化を伝える資料館では、鉄砲鍛冶の作業場を再現し、火縄銃の資料なども展示している。火縄銃には直接触れることもできる。

📞 0749-62-1250　📍 長浜市国友町534
🕘 9:00～17:00　🏠 年末年始　💴 300円
🅿 館前6台、近くに大型バス🅿4台あり

虎姫時遊館
とらひめじゆうかん

地図p.101-D
JR虎姫駅から🚶12分

　虎姫は、町名の由来になった虎御前の物語や数々の伝説が語り継がれ、戦国時代の歴史を色濃く残す町。この館では、虎姫の歴史風土、伝説、水文化について展示・紹介している。

📞 0749-73-5030　📍 長浜市三川町1635-2
🕘 8:30～17:15　🏠 月曜・祝日
💴 無料　🅿 10台

五村別院
ごむらべついん

地図p.101-D
JR虎姫駅から🚶12分

　1597（慶長2）年に、本願寺教如が湖北の布教活動の拠点として開いた浄土真宗の寺院。現在の本堂は1730（享保15）年上棟の建物で、湖北の宮大工の中心的存在であった西嶋但馬家の代表作だ。

📞 0749-73-3133　📍 長浜市五村150
🕘 9:00～16:30　境内自由
💴 無料だが要事前申し込み　🅿 あり

レトロモダンな品々に出合う

黒壁スクエアで ショッピング

旧北国街道沿いの旧家を、ガラスがテーマのエリアとして再生した黒壁スクエア。黒壁ガラスをはじめ、ここならではのアイテム、グルメを探して歩きたい。

黒壁ガラス館
〈くろかべがらすかん〉

1号館

元は1900（明治33）年に建てられた銀行で、外観から"黒壁銀行"の名前で親しまれていた。1989（平成元）年、ガラス館に改装。黒壁スクエアの中心で、3万点以上のガラス製品を展示、販売している。

📞 0749-65-2330
🕐 平日11:00〜16:00、土・日・祝日10:00〜17:00
休 無休　P なし

↑はととっくりとぐい呑セット／2310円

ゴブランギャラリー Rococo
ロココ

曳山まつりの山車に使われているベルギー製ゴブラン織りのタペストリーの複製をはじめ、バッグやベルギーレースの小物などを幅広く扱う。

📞 0749-62-1121
🕐 10:00〜18:00
休 火曜　P 3台

24号館

陶芸工房ほっこくがま
とうげいこうぼうほっこくがま

近江八幡・水茎焼の黒壁スクエア店。水茎焼は琵琶湖の色をイメージした青磁で、カイツブリがトレードマーク。湯飲みなどの日常品の販売のほか、作陶教室でオリジナル作品を作ることもできる。

📞 0749-68-2680
🕐 9:30〜17:00
休 木曜　P なし

ゴブランマット／1650円

黒壁スクエア
JR長浜駅から🚶5〜10分

↑木ノ本

カフェ&パブ ロンドン㉖

㉕納安

ゴブランギャラリー
Rococo

❷黒壁ガラススタジオ
❶黒壁ガラス館

なべかま本舗❹

陶芸工房ほっくがま㉔

長浜駅

駅前通り

滋賀銀行●

●旧開知学校

↓米原

かりんとまんじゅう／2個180円

↓花の（いのみ）／2760円

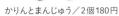

長浜

26号館

カフェ&パブ ロンドン

　ジャズが流れるアンティークな雰囲気の店内にはゆったりとした時間が流れる。オリジナルのスイーツやこだわりの紅茶が楽しめる。屋外席ではペットの同伴も可能。

📞 0749-68-3001
🕐 10:00〜17:00
🈺 木曜
🅿 なし

↑ケーキセット／800円（カフェカウンター）

4号館

なべかま本舗
なべかまほんぽ

　名物の「かりんとまんじゅう」は和三盆糖を使用した一口まんじゅうで、香ばしくコクがある。近江もち米、北海道産小豆をパイで包み焼き上げた窯出しパイは、サクサクモチモチで新しい味わい。

📞 0749-63-4343
🕐 10:00〜16:00
🈺 月曜（祝日の場合は翌日）
🅿 なし

25号館

納安
なやす

　長野産リンゴの甘煮をはじめ、ほんのり甘い季節限定の具もある焼き菓子、ゴブラン焼きが人気。

📞 0749-64-1311
🕐 10:00〜17:00
🈺 木曜
　（祝日の場合は営業）
🅿 なし

黒壁ガラススタジオ
くろかべがらすすたじお　**2号館**

　オリジナルのガラス製品を制作・販売しているショップ。店内の工房では、制作過程を間近に見ることができる。

📞 0749-65-2330
🕐 平日11:00〜16:00
　土・日・祝日10:00〜17:00
🈺 無休　🅿 なし

ゴブラン焼き／
1個70円〜

買う＆食べる

カフェ
96CAFÉ（18号館）
くろかふぇ

地図 p.94-B
JR長浜駅から🚶10分

　名物の真っ黒なソフトクリーム「黒壁ソフト」はチョコレート味。地元の名産「近江牛」を使用した近江牛カレーや近江牛バケットサンドがおすすめ。街の景色を楽しみながらオープンカフェによるくつろぎのひと時を。

☎ 0749-65-4844
📍 長浜市元浜町11-26
🕐 平日 11:00〜16:00
　　土・日・祝日 10:30〜17:00
🈺 水曜
Ｐ なし
¥ 黒壁ソフト 400円、
　近江牛カレー 1600円

うどん
茂美志゛や
もみじや

地図 p.94-B
JR長浜駅から🚶5分

　毎日、足ふみで作る自家製麺が人気。のっぺいうどんはかつおと昆布でとったダシを使ったあんに、椎茸と麩、蒲

鉾、湯葉、生麩が入ったあんかけうどん。ボリュームたっぷりだが、三つ葉と土生姜で、さっぱりと食べられる。

☎ 0749-62-0232
📍 長浜市元浜町 7-15
🕐 10:30〜18:00
🈺 火曜　Ｐ なし
¥ のっぺいうどん 1100円

そば
そば八
そばはち

地図 p.94-B
JR長浜駅から🚶7分

　石挽きの打ちたてのそばが味わえる。つゆは江戸風と関西風があり、薬味は大根や山芋など。

☎ 0749-62-0058
📍 長浜市元浜町 22-32
🕐 11:00〜17:00（売り切れ次第閉店）
🈺 木曜　Ｐ なし
¥ かよいそば天ぷら付き 1750円

カフェ
カフェ叶匠壽庵
かふぇかのうしょうじゅあん

地図 p.94-B
JR長浜駅から🚶10分

　約100年前の民家を和洋折衷のカフェにリニューアル。近江牛陶板焼き膳「匠」、「壽」各2475円や抹茶パフェ935円が人気。

☎ 0749-65-0177
📍 長浜市元浜町 13-21
🕐 9:00〜17:00
🈺 水曜　Ｐ なし
¥ どら焼き「花一日」660円〜

TEKU TEKU COLUMN

焼鯖そうめん

　香ばしい焼きサバを甘辛く煮込み、そのダシ汁で茹でたそうめんを味付けした、長浜の郷土料理。「翼果楼（よかろう／地図p.94-B／📞0749-63-3663）」では、サバの骨まで柔らかくなるようじっくり煮込まれた、こだわりの味が楽しめる。

翼果楼の焼鯖そうめん 950円

竹生島

行き方・帰り方の アドバイス

彦根、長浜、今津の各港から連絡船が出ている。日に4〜5便あるが、季節や曜日で変更があるので必ず確認を。各クルーズの島での滞在時間は20〜80分。

観光・交通の問い合わせ

長浜市観光振興課
☎0749-65-6521
琵琶湖汽船予約センター
（長浜港・今津港〜竹生島）
☎0570-052-105
オーミマリノ
（彦根港〜竹生島）
☎0749-22-0619

約6kmの湖上に浮かぶ周囲2kmの島

　古来から西国三十三ヶ所の札所として信仰を集め、神を齋く神秘的な美しさを秘めた島として、琵琶湖八景のひとつに数えられている。島へ渡ると165段もの石段が続き、斜面に張りつくように国宝の都久夫須麻神社や宝厳寺が建っている。入島料500円が必要。

竹生島

見る & 歩く

都久夫須麻神社
つくぶすまじんじゃ

地図 p.133-G
竹生島港から🚶5分

　湖水を支配する浅井姫命、市杵島比売命、宇賀福神の三神を祭神とする古社。本殿は伏見城の建物が神殿として寄進されたもの。国宝の天井絵、襖絵、高台寺蒔絵の柱など、桃山文化を代表する豪華絢爛な装飾を見ることができる。素焼きの小皿に名前と願い事を書いて鳥居に投げ、くぐると願いが叶うという、「かわらけ投げ」を楽しんでみるのもいい。

☎ 0749-72-2073　📍 長浜市早崎町1665
💰 500円（境内は参観自由）　2021年5月現在、本殿内陣非公開

宝厳寺
ほうごんじ

地図 p.133-G
竹生島港から🚶3分

　聖武天皇の時代に行基が建立。本殿の大弁財天は厳島、江の島と並ぶ日本三大弁財天のひとつだ。西国三十三ヶ所観音霊場の三十番札所としても知られている。江戸初期に焼失した三重塔も、2000（平成12）年、350年ぶりに再建された。

宝物殿

　宝物殿には、島名の由来となった「ふたまたの竹」や「空海請来目録」、仏像や絵画、教典などの寺宝を展示している。

☎ 0749-63-4410　📍 長浜市早崎町1664
境内自由
＊宝物殿のみ 💰300円 🕘9:30〜16:30 🈳無休

木之本・高月・浅井

エリアの魅力

観光客の人気度
★★★

てくてく歩きの魅力
★★★★

歴史遺産
★★★★★

標準散策時間：3時間
（木ノ本駅〜木之本
地蔵院〜雨森芳洲庵
〜高月観音の里歴史
民俗資料館〜高月駅）

行き方・帰り方のアドバイス

京阪神方面からは新快
速が直通。名古屋方面か
らは米原乗り換え。湖西
方面からも、途中、近江塩
津で乗り換えが必要だ
が、毎時1列車がある。

観光・交通の問い合わせ

長浜市観光振興課
♪0749-65-6521
長浜市役所余呉支所
♪0749-86-3221
湖国バス長浜営業所
♪0749-62-3201
高月総合案内所（レンタ
サイクル）
♪0749-85-6565
木之本観光案内所（レン
タサイクル）
♪0749-82-5135

北国街道の宿場町として栄えた木之本
高月には国宝など歴史遺産が残る

　幾たびも歴史の舞台となり、武将たちの夢の跡が随所に残る。木之本では旧家の町並みが、かつての繁栄を偲ばせる。充実した観光キャンペーンが展開されている注目エリアだ（p.88参照）。

 HINT

木之本・高月への行き方

　京阪神からは米原経由近江塩津行き新快速利用が便利。長浜行きでも終点で木ノ本方面行きに接続している。

🚩 🚃 **JR北陸本線 新快速 14〜15分　240円** 🚩

長浜駅 ▪▪▪▪▪▪ **河毛駅** ▪▪▪▪ **高月駅** ▪▪▪▪ **木ノ本駅**

＊長浜〜河毛7分200円／長浜〜高月10分240円
＊長浜駅〜木ノ本バスターミナルへのバスもある。30分590円（湖国バス）
＊旧浅井町エリアへは長浜駅や河毛駅からのバス、タクシー利用も便利。

 HINT

まわる順のヒント

　拠点はJR木ノ本駅。ロッカーはあるが数は少なく、軽装で出かけたい人は注意。駅に観光案内所がある。旧浅井町エリアや旧湖北町内など、バス路線利用のスポットは事前のスケジュール組みが不可欠。木ノ本駅や余呉、高月、河毛駅前などにはレンタサイクルもある。

イベント＆祭り

●8月22〜25日：木之本地蔵大縁日（浄信寺）

余呉湖 P.108
ビジターセンター
観音寺（黒田）P.14・107
賤ヶ岳 P.107・109
賤ヶ岳リフト

菓匠禄兵衛 木之本店 P.103
己高閣・世代閣 P.14
鶏足寺（旧飯福寺）P.14
石道寺 P.14
木之本地蔵院
すし慶 P.103
きのもと交遊館 P.106

雨森芳洲庵 P.101
渡岸寺観音堂
高月観音の里 歴史民俗資料館 P.12
高月観音堂（大円寺）P.13
五先賢の館 P.105
小谷城跡 P.104
近江孤篷庵

赤後寺 P.12
正妙寺 P.13
西野薬師堂 P.13

長浜市

小谷城国 歴史資料館 P.104
小谷寺 P.105
浅井歴史民俗資料館 P.105
道の駅 浅井三姉妹の郷 P.105

旅館紅鮎 P.134
尾上港
尾上温泉郷
水鳥公園 P.102
琵琶湖水鳥・湿地センター P.102
山本山 324
山本山遊歩道 P.103
湖北野鳥センター P.102
湖北みずどりステーション

小谷城 スマートIC
虎姫時遊館 P.95

富田人形会館
とらひめ

五村別院 P.95
姉川古戦場 P.105

国友鉄砲ミュージアム P.95
神照寺 P.94

琵琶湖
琵琶湖国定公園

周辺広域地図 P.132-133

湖北
1:115,000
0   2km

見る＆歩く

雨森芳洲庵
あめのもりほうしゅうあん

地図 p.101-B
JR高月駅から🚶30分

　雨森芳洲は江戸時代に高月で生まれた儒学者。対馬藩に仕え朝鮮との交流に尽力した。この庵は芳洲の生涯をたどり、その思想や業績を顕彰し、国際交流の発展を目指す拠点として、生家と伝わる本家跡地に建てられた。芳洲や朝鮮通信使に関する資料などが展示されている。また「東アジア交流ハウス」として、文化交流の拠点ともなっている。

📞 0749-85-5095　📍 長浜市高月町雨森1166
🕐 9:00～16:00　🈺 月曜、祝日の翌日、年末年始
💴 300円　🅿 13台

POINT　てくナビ／雨森地区は堀割が縦横に通じており、水車が軽快に回っている。堀には鯉が泳ぎ、地元の人の心づくしの花が植えられていて、のどかな散策が楽しめる。

木之本地蔵院
きのもとじぞういん

地図p.101-A
JR木ノ本駅から🚶5分

"木之本"の地名の由来となった秘仏の本
尊、木之本地蔵菩薩が奉られている。境内に

は本尊を大きく
した菩薩像があ
り、身代り蛙を
奉納すると、目
に御利益がある
という。戒壇巡
りは、暗闇の中
を巡りお参りを
する。

♪ 0749-82-2106
📍 長浜市木之本町木之本944
💴 参拝自由(戒壇巡り300円、無休)　🅿20台

湖北野鳥センター／
琵琶湖水鳥・湿地センター／
水鳥公園
こほくやちょうせんたー／びわこみずどり・しっちせんたー／みずとりこうえん

地図p.101-C
JR河毛駅から🚌こはくちょうバスびわこ線20分♀
野鳥センター下車🚶すぐ

　琵琶湖の東北部に位置するこの辺りは、
鳥たちにとって絶好の生息環境で、野鳥の
宝庫として知られる。今までに確認された
鳥は52科243種。春から夏にはオオヨシキ
リやカイツブリが子育てをする。コハクチ
ョウ、オオワシ、オオヒシクイ、カモ類など
冬の水鳥が勢揃いする、11月～2月頃が最
も楽しい。湖北野鳥センターでは、備えつけ

のフィールドスコープや双眼鏡でバードウ
ォッチングが楽しめる。琵琶湖水鳥・湿地セ
ンターでは、最大66倍の大型マルチビジョ
ンで、水鳥の生態を観察できる。

♪ 0749-79-1289　📍 長浜市湖北町今西
🕘 9:00～16:30
📅 火曜(祝日の場合は翌日)
💴 200円(2館共通)　🅿50台

POINT　てくナビ／北陸本線河毛駅にある「コミ
ュニティハウス」には、イスやテーブル
が設置され、コインロッカー、レンタサ
イクル(1日500円)などもある。裏手が
バスの乗り場。

TEKU TEKU COLUMN

野鳥飛来カレンダー

　湖北は、遠浅の湖岸、ヨシ原やヤナギ
林、周辺の田畑や野山に恵まれ、四季を
通して多くの野鳥が訪れる。目にする
ことが多いのは、以下のようなもの。

冬 コハクチョウ、オオヒシクイ、
オオワシ、カモ・ガン類、
カモメ類　など

春 カンムリカイツブリ、
ツバメ　など

夏 サギ類、カルガモ、
オオヨシキリ　など

秋 ガン・カモ類、
タカ類(ハチクマ・ノスリ・サシバ)
など

通年 カイツブリ、マガモ、
カワウ　など

山本山遊歩道
やまもとやまゆうほどう

地図p.101-C
JR河毛駅から🚌こはくちょうバスびわこ線10分♀
山本三条橋下車、山本山山頂まで🚶30分

　山本山（324m）の山頂をめぐる、気軽に山歩きが楽しめる約1kmの遊歩道。ここには多くの野鳥が姿を見せて、行程を楽しませてくれる。城址の残る山頂から眺める、エメラルドグリーンに輝く琵琶湖と緑濃い竹生島は、まさに絶景。南東方向には伊吹山、小谷山、長浜と、湖北一円ののびやかな風景が広がる。

☎ 0749-65-6521
（長浜市観光振興課）
📍 長浜市湖北町山本地先

古保利古墳群
こぼりこふんぐん

地図p.101-A
JR高月駅から🚌循環バス高月観音号5分♀磯野下車🚶25分

　琵琶湖の最北端、塩津湾に面した、賤ヶ岳から山本山にかけた細長い山上に連なる古墳群で、県下一の規模を誇る。古墳の総数は132基にものぼり、前方後円墳、円墳、方墳など、基本的なタイプがすべて揃っているのも見どころ。

☎ 0749-65-6521
（長浜市観光振興課）
📍 長浜市高月町西野・熊野・片山・西阿閉地先

買う & 食べる

寿司
すし慶
すしけい

地図p.101-A
JR木ノ本駅から🚶7分

　北国街道沿いにある、数寄屋造りのすし料亭。人気の高い鯖棒すしのほか、日本海や琵琶湖の幸をふんだんに使った料理が自慢。懐石料理は地元の山菜など、季節ごとの味が楽しめる。歴史資料を展示した蔵が開放されており、こちらも一見の価値あり。

☎ 0749-82-2115
📍 長浜市木之本町木之本988
🕐 11:00～20:00
🈺 水曜（祝日は営業）
🅿 15台
💰 鯖棒すし3850円

和菓子
菓匠禄兵衛 木之本本店
かしょうろくべえ きのもとほんてん

地図p.101-A
JR木ノ本駅から🚶5分

　自家栽培のヨモギをふんだんに使用した「名代草餅」。滋賀羽二重糯米の柔らかな食感と上品な甘さの粒餡が絶妙な逸品。ほかにも、地元素材を使用したこだわりの菓子類が多数揃っている。

☎ 0749-82-2172
📍 長浜市木之本町木之本1087
🕐 9:30～17:30
🈺 元旦　🅿 3台
💰 名代草餅1個172円

浅井家ゆかりの地へ

あざいけゆかりのちへ

最寄駅までの行き方
最寄はJR北陸本線の
河毛駅。行き方の詳細
はp.100を参照。

　城主・浅井長政とお市の方が暮らした「近江小谷城」。城跡にある「小谷城戦国歴史資料館」には、浅井一族が暮らした中世屈指の山城の歴史的資料が展示されている。ここで、かの時代の予備知識を得て史跡を巡ると、見る景色も感慨深い。

浅井長政（左）・お市（右）の画は、高野山持明院本の模本。原本が絹に描かれているのに対し、こちらの像は紙に描かれているが、ほとんど相違ないという。平成13（2001）年に存在が明らかになった。【滋賀県立安土城考古博物館蔵】

小谷城跡・浅井

1:71,600　0　1km

敦賀
敦賀IC
01 小谷城戦国歴史資料館
美濃山神社
郡上
小谷城
かかげ IC
郡上南
吉神社
長昌寺
虎御前山
▲224
02 小谷城跡
卍小谷寺 03
04 五先賢の
住吉神社
須賀谷温泉
▲145
雲雀山

長浜市

北陸本線

戦国虎御前の館
虎姫文芸館
M 虎姫時遊館 P.95

田川

実宰院卍

湯次神社
内保

とらひめ

8

虎姫支所
虎姫局
虎姫東
宮部西 宮部
文 虎姫高

五村別院 P.95

新田川橋
虎姫南 桜町
姉川大橋

キャヤン

姉川

長浜市街へ　長浜へ

国友橋

長浜ICへ

見学 30 分

小谷城戦国歴史資料館
おだにじょうせんごくれきししりょうかん

　小谷城跡の一角にあり、浅井氏と小谷城にまつわる展示で、歴史散策のスタートを切るにふさわしい資料館。

📞 0749-78-2320／📍長浜市小谷郡上町139／🕐9:00〜17:00／🈺火曜・年末年始（火曜が祝日の場合は翌日）／💴300円／🅿30台

小谷城絵図（長浜市蔵）

城跡ハイキング 90 分

小谷城跡
おだにじょうせき

　旧湖北町と旧浅井町にまたがる小谷山上にあり、浅井長政と妻・お市の居城。織田軍に攻められ落城した時、お市は茶々ら3人の子どもを連れて城を出た。現在は曲輪跡、土塁などが残るが、番所跡から長政自刃の赤尾屋敷跡、大広間跡、山王丸跡まで歴史を偲ぶ散策コースが整備されている。

📞 0749-65-6521（長浜市観光振興課）／📍長浜市湖北町伊部地先

近江の戦国時代記

織田信長は京都へ進軍した時、北近江の大名・浅井長政には信長自身の妹・お市を嫁がせて同盟を結び、側面を固めた。信長は足利義昭を将軍とし、諸大名に服従を求める使者を送るが、越前の朝倉義景はこれを無視した。

1570（元亀元）年、信長は義景を攻める。だが、浅井長政は朝倉氏とも縁が深く、朝倉に味方した。激怒した信長は湖北に向かい、同年6月28日に浅井・朝倉軍と戦を交えた。これが姉川の合戦である。浅井長政は奮戦したが、敗れる。戦死者の血で姉川は赤く染まったという。

後に朝倉氏を滅ぼした信長は、1573（天正元）年、小谷城を攻めた。浅井長政は自害し、小谷城は落城。浅井家は滅亡した。

信長の死後、覇権を争い、羽柴秀吉と柴田勝家が1583（天正11）年4月11日に戦ったのが、賤ヶ岳の合戦。秀吉側近の武将「賤ヶ岳七本槍」の力戦や、柴田側だった前田利家の無断撤退などで勝家は敗れ、籠城した北ノ庄城で自害。この時、ともに自害したのが勝家と再婚していたお市だった。

秀吉は後に小谷寺を再建。その秀吉の側室こそ、浅井長政とお市の長女、淀殿（茶々）だった。

長浜市役所浅井支所のそばには、浅井長政とお市、子どもたちの家族像が立っている。

まわる順のヒント

HINT

河毛駅東側にある河毛駅コミュニティハウスにはレンタサイクルもある（☎0749-78-2280／普通車1日500円、電動アシスト1日1000円／6:30～18:00／無休）。全コースを自転車でまわることも十分可能だ。

---

04 見学30分

五先賢の館
ごせんけんのやかた

賤ヶ岳七本槍の片桐且元、狩野派の画家である海北友松、桃山時代の三大茶人の一人で作庭家の小堀遠州など、浅井郡ゆかりの先人五人の偉業を記念する施設。

☎0749-74-0560／📍長浜市北野町1386／🕐9:00～17:00／🈺水・木曜、祝日の翌日／💴300円／🅿40台

---

05 買物・食事1時間

道の駅 浅井三姉妹の郷
みちのえき あざいさんしまいのさと

江北の特産品と観光のコンシェルジュ。安全・安心で新鮮な食材、地域の魅力ある特産品を販売。レストランでは、自然薯や地場食材を使った伝統料理を味わいたい。

☎0749-74-1261／📍長浜市内保町2843／🕐9:00～18:00／🈺年末年始／🅿普通70台

---

06 一歩足をのばす 見学30分

浅井歴史民俗資料館
あざいれきしみんぞくりょうかん

郷土学習館・糸姫の館・鍛冶部屋・七りん館の4つの施設がある。郷土学習館では、浅井氏三代関連の展示やお市と三姉妹のジオラマから、戦国時代を追体験できる。

☎0749-74-0101／📍長浜市大依町528／🕐9:00～17:00／🈺月曜、祝日の翌日／💴300円／🅿600台

---

07 一歩足をのばす 散策60分

姉川古戦場
あねがわこせんじょう

長浜養護学校から野村橋付近にかけた一帯で、史跡が散在する。姉川が血に染まり、血原、血川橋などの地名が当時の惨状を今に伝える。

☎0749-65-6521（長浜市観光振興課）／📍長浜市野村町

---

03 見学20分

小谷寺
おだにじ

国の重要文化財の孔雀文磐やお市の方の念持仏・愛染明王などを保存。小谷落城で焼失後、秀吉が再建した趣のある寺。

☎0749-78-0257／📍長浜市湖北町伊部／💴自由参拝だが、本尊御開帳は拝観料500円

黒田家発祥の地へ

くろだけはっしょうのちへ

琵琶湖の北東に位置する木之本は、2014年放送のNHK大河ドラマ『軍師 官兵衛』で注目を集めた、黒田家発祥の地と伝わる。近くには官兵衛も参戦した賤ヶ岳古戦場もあるので訪ねてみたい。

01 散策40分

北国街道木之本宿
ほっこくかいどうきのもとじゅく

金沢から中仙道の鳥居本宿までを結んだ北国街道。木之本宿には本陣、問屋、伝馬所などが設けられ、地蔵院の門前町として栄えた。かつて町の中央を流れていた川は埋め立てられたものの、今も残る古い商家が古の風情を感じさせる。

木ノ本駅までの行き方
JR北陸本線の木ノ本駅までのアクセスは、p.100を参照。

往時の名残を見る

酒屋の軒先に下げられた杉玉や、薬屋の古い看板（写真下）など、木之本宿を歩けば、街道沿いの随所に往時の面影が残る。

02 見学15分

きのもと交遊館
きのもとこうゆうかん

北国街道木之本宿の南にある旧滋賀銀行を改築した交流施設。建物は登録有形文化財。観光情報の提供や無料休憩所として利用。また、木之本宿の古い写真展を随時開催。

📞 0749-82-6311／📍 長浜市木之本町木之本1118／🕘 9:00～17:00／❌ 年末年始／💴 ロビーは無料／🅿️ 16台

03 見学10分

黒田家御廟所
くろだけごびょうしょ

祀られているのは、伊香郡黒田村（現在の長浜市木之本町）に住んでいた黒田家の始祖、佐々木源氏の流れをくむという源宗清（宗満）公。近江国湖北の荘園領主として黒田判官と称されたという。六代目の高政が備前邑久郡福岡村（現在の岡山県）に移るまでの約200年間、黒田家はこの地に居を構えていたと伝わっている。

📞 0749-65-6521（長浜市観光振興課）／📍 長浜市木之本町黒田727／🅿️ あり

黒田如水像（部分） 福岡市博物館

福岡市博物館所蔵　画像提供：福岡市博物館／DNPartcom

　戦国時代の名武将と称えられた黒田孝高（よしたか）。一般には黒田官兵衛、あるいは後年、出家して号とした黒田如水（じょすい）として知られる。生まれは播磨国（現在の兵庫県）姫路。上の絵は、如水を名乗った頃のもの。出家後も秀吉の側近として仕え、天正18年（1590年）の小田原征伐では北条氏政・氏直父子を説得し、無血開城させた。晩年は再建に努めた太宰府天満宮に草庵を構え、59歳で京都伏見藩邸にて没した。

04 見学 20 分

観音寺（黒田）
かんのんじ（くろだ）

　行基建立の寺と伝えられており、一木造りの千手観音は、平安時代初期のもの。夫婦敬愛の御利益で地域の信仰を集めている。p.14も参照。

♪ 0749-82-5909（長浜観光協会北部事務所）／♥ 長浜市木之本町黒田1811／月曜日以外で要予約／¥ 500円／Ⓟ なし

05 見学 60 分

山頂に立つ武者像

余呉湖の周辺で両軍が対峙した

賤ヶ岳古戦場
しずがたけこせんじょう

　織田信長の死後、羽柴秀吉と柴田勝家が賤ヶ岳一帯で覇権を争った古戦場。加藤清正や福島正則など「賤ヶ岳の七本槍」の活躍で知られる。黒田官兵衛も秀吉の軍師として参陣。山頂広場には合戦の経緯を示す案内板や戦没者の碑が並び、参陣した多くの武将たちに思いをはせてみたい。

♪ 0749-65-6521（長浜市観光振興課）／リフト（片道6分）¥ 片道450円、往復900円／Ⓛ 9:00～17:00／Ⓗ 12～3月
※4～11月の平日運行日については要確認

MAP てくさんぽ

余呉湖

よごこ

琵琶湖の北にあり、周囲6.4km、面積1.8km。水面が鏡のように自然の姿を映し出すことから「鏡湖」とも呼ばれる。ワカサギなど魚類も豊富で、多くの野鳥が羽を休める。その美しさゆえ、古より多くの伝説が伝えられ、今なお多くの人を魅了する。

地図p.101-A

問い合わせ先：長浜市観光振興課 ☎0749-65-6521

四季折々の楽しみ

春は桜やサワオグルマ、初夏のアジサイなど、四季を通じてさまざまな草木が湖畔を彩る。また、カンムリカイツブリの群れやカワセミ、アカショウビンなど、珍しい野鳥も豊富に飛来し、水と戯れるその姿を四季折々に楽しめる。

 01　　　見学10分

天女の衣掛柳
てんにょのころもかけやなぎ

余呉湖に伝わる羽衣伝説で、天女がこの柳に羽衣をかけて水浴びをしていたといわれる。残念ながら、2017年10月の台風で倒れてしまった。

まわる順のヒント

HINT

余呉駅から湖畔はすぐ。湖を一周する道路があり、一部に遊歩道も整備されている。所要時間は約1時間30分～2時間。道は平坦で歩きやすい。途中、余呉湖観光館には、軽食や特産品を販売する「豊味」やビジターセンターなどがある。余呉駅にあるレンタサイクルは普通自転車1日500円、電動アシスト自転車1日1000円。30～40分で一周できる。

余呉湖への行き方
長浜から北陸本線の普通、新快速で約18分、330円。余呉駅下車。京阪神方面からはJR琵琶湖線の新快速が直通。もしくは長浜で乗り換え(p.100参照)。

余呉湖の羽衣伝説
昔、桐畑太夫という男が、柳に羽衣を掛けて湖で水浴びをする天女を見た。太夫は衣を隠し、天に戻れなくなった天女と夫婦になり、子供も生まれた。しかし天女は羽衣を見つけると太夫と子を残し、天へ帰った。子どもは後に菅原道真となったと伝わる。

賤ヶ岳
しずがたけ

余呉湖南端の国民宿舎余呉湖荘（休館中）の横に、賤ヶ岳への登山道があり、大岩山を通り、余呉駅近くに出ることができる。約5.5km、2時間30分ほど

のルート。賤ヶ岳は標高421m。琵琶湖や竹生島、余呉湖、遠くは伊吹山を望み、琵琶湖八景に数えられる景勝地。全般に林の中を通り、賤ヶ岳〜大岩山は比較的平坦で、急坂には階段が設けられるなど、よく整備されて歩きやすい。

賤ヶ岳から望む琵琶湖

釣りを楽しむ

夏はフナやコイ、冬はワカサギを狙う釣り人で、余呉湖は一年中、賑わっている（ワカサギ釣りは11月下旬解禁）。余呉駅そばのビジターセンターで入漁を受け付けているが、ここは電車の時間待ちにも便利だ。

散策のヒント

湖畔の一部には歩行者専用の遊歩道がある（西岸）。水辺の散策は、晴れた日はとくに気持ちがよく風もさわやか。

オススメ

余呉湖

02 見学10分

蛇の目玉石
へびのめだまいし

旱魃に苦しむ村人を救うために、龍と化し雨を降らせた菊石姫。彼女が、疫病の薬となる自らの目玉を抜き取り、乳母に投げ与えた跡という。

03 見学10分

斎部路通の句碑
いんべろつうのくひ

『鳥共も寝入りてゐるか余呉の海』との句が刻まれる、斎部路通の句碑。路通は松尾芭蕉の門下生で、この句は芭蕉も絶賛したという。

04 見学10分

山口誓子の句碑
やまぐちせいしのくひ

俳諧人が好んで訪れる余呉湖ならでは。現代俳

句の巨匠、山口誓子もここを愛した一人。『秋晴に湖の自噴を想ひみる』と、自筆で刻まれている。

109

旧中山道の宿場町

江戸と京都を結ぶ江戸時代の五街道のひとつ、中山道。趣きある宿場町が今なお往時の面影をとどめ、伊吹山麓を行き交った旅人が足を休めた町の風情を味わうことができる。

今須宿
いますじゅく

近江側から国境を越え、美濃に入った最初の宿場。盛時には本陣、脇本陣2軒、問屋場7軒、旅籠13軒があり、にぎわった。

寝物語の里
今須の西にある溝が近江と美濃の国境。昔、溝を挟んで宿屋があり、客が寝転んだまま隣国と話ができたため、この付近を"寝物語の里"と呼ぶ。

醒井宿
さめがいじゅく

江戸初期に中山道六十九次の整備に伴い、本陣、脇本陣などをもつ宿場町として発展。今も湧き出た美しい水が旧街道沿いに川となって流れる。

居醒の清水／地蔵川
旧宿場町の東側から湧出している泉で、日本武尊伝説の地。周辺は小公園風にしつらえられていて、心地よく休憩できる一角となっている。ここから流れ出る地蔵川では、バイカモや、ハリヨといった清水中にしか生息できない生物が見られる。

📞 0749-58-2227
（米原市シティセールス課）
📍 米原市醒井
地図p.133-H
JR醒ケ井駅から🚶3分

📞 0584-43-1112（関ケ原町
役場地域振興課）
📍 岐阜県関ケ原町今須
地図p.133-H
JR関ケ原駅からタクシーで10分

柏原宿
かしわばらじゅく

常夜灯や宿場町特有の軒の低い家並みが往時をしのばせ

る。後に旧柏原銀行に使われた建物など、現存する建物が数軒ある。

柏原宿歴史館
宿場の歴史を展示・紹介する。国の登録有形文化財で

ある建物は、幾重に重なる屋根など見応えがある。

📞 0749-57-8020
📍 米原市柏原
🕘 9:00〜17:00（入館は16:30まで）
🈳 月曜、祝日の翌日、12/27〜1/5
💴 300円　🅿 10台
地図p.133-H
JR柏原駅から🚶8分

湖西

旅する前に知っておこう！

湖西へのはじめの一歩

琵琶湖の西岸、比良山系の麓に位置する「湖西」。琵琶湖と比良山系に挟まれているため、電車の車窓からも、降りた町の散策でも、湖と山の両方の景色が楽しめるのが魅力だ。

HINT 湖西の魅力を知る

　古くは敦賀に着き塩津で再び船積みされた北国の物資が、海津〜今津〜堅田と最短経路で大津まで運ばれた湖上の大動脈にあたる。明治時代に鉄道が開通した後は幹線交通から外れたため、大規模開発からも逃れ、近江では最も素朴で豊かな自然が残っている。ことに、堅田、高島、安曇川には歴史的文化財が点在する。朽木は「鯖街道」を通じて京都との交流が深く、意外な文化の深みを感じさせる土地だ。　気候は京阪神とは異なり、冬は雪国の様相を示すが、マリンレジャーやウインタースポーツも盛ん。

HINT 中心ターミナルとなる堅田・近江今津を知っておく

●JR堅田駅略図　　　●JR近江今津駅略図

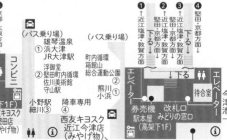

HINT 湖西をまわる順のヒント

　アクセスに便利なのが、毎時1〜2本、京阪神からJR湖西線の近江今津まで直通する新快速だ（p.24参照）。近江今津以北へは、敦賀行きの新快速が毎時1本走る。この列車は近江塩津ですぐに木ノ本、長浜方面行きの列車に接続するので、北回りで湖西〜湖北を行き来する際にも利用価値が高い。その他のバス路線などは、本数が限られていることが多いので、レンタサイクルやタクシーを活用することも検討したい。

行き方・帰り方のアドバイス

　近江今津、敦賀へ直通する新快速は、日中、三ノ宮を毎時51分、大阪を毎時15分、京都を毎時45分発。朝の大阪方面行きと夕〜夜の湖西線方面行きは運転されない。

　湖西エリアへのアクセスは、JR湖西線にほぼ限られる。拠点となる駅は堅田と近江今津。新快速が京阪神と直結する他、特急の一部も停車。各観光地へのバスが発着する他、近江今津駅近くには竹生島への観光船が出る今津港がある。

JR近江今津駅

ビラデスト今津へ→ 近江塩津へ→
今津町梅原 今津町下弘部 今津町今津 →竹生島へ
ピラデスト今津へ→ H今津サンブリッジホテル P.134
今津駅 M今津ヴォーリズ資料館
P.121 西友本店R おうみいまづ
M琵琶湖周航の歌資料館 P.120

保坂
近江逢分
吹田市自然の家
自衛隊駐屯地
新旭町饗庭 湖南道路

• 高島市新旭水鳥観察センター P.120

新旭町針江

新旭町深溝

A   B
高島市   しんあさひ 新旭町旭 しんあさひ風車村
高島市役所 秋田
新旭町藁園
大荒比古神社 新旭町新庄
P.120 古賀局 新旭町太田

長尾
安曇川町北船木
朽木渓谷 びわ湖こどもの国
朽木グランド前 安曇川町
高岩橋 西万木 安曇川町
朽木陣屋跡 P.126 安曇川支所 川島
朽木GC 安曇川町南船木
朽木支所 藤樹の里あどがわ • 近江聖人中江藤樹記念館
朽木学校前 あどがわ 陽明園 P.119 P.119
道の駅くつき新本陣 P.127 安曇川町田中
藤樹書院跡 P.119
グリーンパーク想い出の森 P.127
丸八百貨店 P.127 拝戸 安曇川町下小川

旧秀隣寺庭園 朽木スキー場
（興聖寺）P.127 湖
蛇谷ヶ峰 西 高島支所
▲902 線 • 高島びれっじ P.119
永昌庵 P.127 富坂口 • 大溝城跡 P.119
C 勝野 D
おうみたかしま

村井
P.119 鵜川四十八体石仏群
畑の棚田 白鬚神社 P.119
（日本の棚田100選）畑

琵琶湖
栃生梅竹 P.127
琵琶湖国定公園

若狭路・鯖街道
ガリバー青少年旅行村 P.120
釣瓶岳 P.116 楊梅の滝
▲1098 P.116 D's hut 比良げんき村 P.116
八淵滝 きたこまつ 小松局
（日本の滝100選）

武奈ヶ岳
▲1214 南小松
おうみまいこ 南小松港
梅ノ木 近江舞子水泳場

E 比良とびあ F
比良舞子口
明王院 びわこ成蹊スポーツ大
坊村

ひら 比良駅

N

大津市
周辺広域地図 P.132-133
志賀IC 荒川

びわ湖バレイ 湖 西
びわ湖バレイ
ロープウェイ 1:129,000
京都へ→ 蓬莱山 0   2km
▲1174

113

堅田・雄琴温泉

芭蕉も愛した詩情あふれる湖畔の郷

　琵琶湖の最狭部に位置する堅田は、中世から湖上の徴税権を握っていた湖族の自治都市として繁栄してきた。今は、対岸との間に琵琶湖大橋が掛かり、近江を代表する風景になっている。雄琴温泉は万葉集でもうたわれた、滋賀県下最大の温泉街だ。

堅田・雄琴温泉への行き方

　堅田へは湖西線直通の新快速を利用。雄琴温泉は駅から離れているので、大津駅〜浜大津〜堅田駅を走る江若交通バスが便利。

＊雄琴温泉へは大津から江若交通バス利用が便利。大津駅前〜雄琴温泉29分520円

まわる順のヒント

　拠点はJR堅田駅（p.112参照）。出島灯台までは徒歩30分。さらに南へ約20分で浮御堂。この辺りには休憩できるような店がないので、トイレなどは駅で済ませておこう。堅田駅にはコンビニもある。堅田駅〜大津駅を走る江若交通バスも周辺の観光に便利。堅田駅〜浮御堂を結ぶバスも、土・日曜・祝日に運行する。

エリアの魅力

観光客の人気度
★★★
てくてく歩きの魅力
★★★
歴史遺産
★★★

標準散策時間：3時間
（堅田駅〜出島灯台〜本福寺〜湖族の郷資料館〜浮御堂）

観光・交通の問い合わせ

びわ湖大津観光協会
♪077-528-2772
堅田駅前観光案内所
♪077-573-1000
おごと温泉観光公園
♪077-578-3750
江若交通バス堅田営業所
♪077-572-0374

イベント&祭り

●8月第1土・日曜：堅田湖族まつり（堅田内湖大橋周辺〜堅田漁業会館）
●8月1日：おごと温泉納涼花火大会（雄琴温泉一帯）

見る＆歩く

湖族の郷資料館
こぞくのさとしりょうかん

地図 p.115
JR堅田駅から🚌江若交
通バス堅田町内循環線6分♀堅田出町下車🚶5分

戦国時代、琵琶湖の通行税を取っていた湖族の拠点であった堅田。この資料館では、堅田の歴史や文化、暮らし、松尾芭蕉をはじめとする当地ゆかりの人物についてなど、数多くの資料を展示している。

📞 077-574-1685 📍 大津市本堅田1-21-27 🕐 10:00
〜16:00 🈺 水曜・年末年始 💰 200円 🅿 10台

本福寺
ほんぷくじ

地図 p.115
JR堅田駅から🚌江若交
通バス堅田町内循環線6分♀堅田出町下車🚶3分

正和年間(1312〜1317)に創建された、蓮如上人ゆかりの寺院。芭蕉は、ここに泊まって多くの句を残している。

📞 077-572-0044 📍 大津市本堅田1-22-30
🅿 あり

佐川美術館
さがわびじゅつかん

地図 p.115
JR堅田駅から🚌江若交通バス琵琶湖大橋線15分
♀佐川美術館下車🚶すぐ

日本画家・平山郁夫と彫刻家・樂吉左衛門の作品を常設展示。季節ごとにバラエティーに富んだ企画展を開催。

📞 077-585-7800
📍 守山市水保町北川2891
🕐 9:30〜17:00
　（入館は16:30まで）
🈺 月曜(祝日の場合は翌日)
💰 1000円 🅿 70台

出島灯台
でけじまとうだい

地図 p.115
JR堅田駅から🚶30分

湖岸の地形の関係から、座礁や難破事故が絶えなかった堅田の湖畔に、1875(明治8)年に建てられた高さ8mの県下最古の灯台。高床式の木造で独特の味わいがある。

📍 大津市本堅田　見学自由

POINT
てくナビ／出島灯台から浮御堂へは、途中から湖岸沿いに遊歩道が整備されている。ベンチのあるところでは弁当を広げることもできる。

浮御堂
うきみどう

地図 p.115
JR堅田駅から🚌江若交通バス堅田町内循環線6分♀堅田出町下車🚶5分(土・日曜・祝日のみ♀浮御堂下車🚶すぐ)

琵琶湖の安全と衆生済度を祈願し、千体の阿弥陀仏を納めて平安中期に建立された、満月寺内のお堂。湖上に浮かんでいるかのような姿で有名だ。芭蕉がここで詠んだ句碑がある。

📞 077-572-0455 📍 大津市本堅田1-16-18
🕐 8:00〜17:00 🈺 無休 💰 300円 🅿 20台

堅田・雄琴温泉

堅田
1:47,200
0　　500m

近江藤齋本店 P.116

びわ湖大橋米プラザ

琵琶湖大橋

大津市

出島灯台 P.115

琵琶湖

琵琶湖国定公園

本福寺 P.115

湖族の郷資料館 P.115

浮御堂 P.115

嶋屋 P.116

守山市

佐川美術館 P.115

周辺広域地図 P.130

比良げんき村
ひらげんきむら

地図 p.113-F
JR北小松駅から🚶15分

大自然と触れ合える野外活動施設。キャンプ場、プラネタリウムや望遠鏡を備えた「天体観測施設」、長さ72mのローラー滑り台など子供たちに人気の遊具も豊富。

📞 077-596-0710
📍 大津市北小松1769-3
🕐 デイキャンプ10:00～15:00
　 天体観測施設9:00～21:00
🈺 月曜(祝日の場合は翌日)、夏休み期間は無休　🅿60台
💴 有料施設は1週間前に要予約

楊梅の滝
ようばいのたき

地図 p.113-E
JR北小松駅から🚶1時間

県下一の落差76mを誇る。手軽な散策路として親しまれている。雄滝、薬研滝、雌滝に分かれ、白い布を垂れたように見えることから「白布の滝」や「布引の滝」とも呼ばれる。

📞 077-528-2756(大津市観光振興課)
📍 大津市北小松

びわ湖バレイ

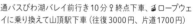

地図 p.113-E
JR志賀駅から🚌江若交通バスびわ湖バレイ前行き10分♀終点下車、🚡ロープウェイに乗り換えて山頂駅下車(往復3000円、片道1700円)

標高1100m。関西屈指のスキー場がある高原。琵琶湖が一望できる山頂までは、大型キャビン(121人乗り)のロープウェイで一直線。話題の「びわ湖テラス」にはぜひ足を運びたい。琵琶湖の眺望を楽しみながら昼食がとれる「レストラン・レイクビュー」は360席の大スペースで、バイキングも人気。

📞 077-592-1155　📍 大津市木戸1547-1
🕐 9:30～17:00(GW・夏休み・スキーシーズンは異なる)
🈺 不定(冬期・夏期は無休)　🅿1700台(有料)

買う＆食べる

喫茶・軽食

D's hut
ディーズハット

地図 p.113-E
JR北小松駅から🚶20分

自然に囲まれたログハウスで、湧き水でいれたコーヒーや定食などが味わえる。天気の良い日はデッキで食事も楽しめる。

📞 077-596-0919
📍 大津市北小松滝山1760
🕐 10:00～18:00　🅿5台
🈺 金曜(予約の場合は営業)
💴 手作りケーキセット650円

甘味処

御菓子処 嶋屋 浮御堂前支店
おかしどころ しまや うきみどうまえしてん

地図 p.115
JR堅田駅から🚌江若交通バス堅田町内循環線6分♀堅田出町下車🚶2分

いちご大福をはじめ、季節の創作和菓子や抹茶ソフトクリームを販売。喫茶コーナーでは、抹茶(菓子付)720円、抹茶ソフトクリーム350円などが味わえる。

📞 077-574-3791
📍 大津市本堅田1-21-22
🕐 9:30～17:00(喫茶は16:30まで)
🈺 火曜　🅿3台
💴 抹茶ソフトクリーム350円

和菓子

近江藤齋本店
おうみとうさいほんてん

地図 p.115
JR堅田駅から🚶10分

近江羽二重餅米による最中種に、氷砂糖だけで炊き上げた餡をひとつずつ手で詰めた名物の藤齋最中(5個入り1100円)で有名な和菓子店。

📞 077-573-5225
📍 大津市真野2-24-1
🕐 9:00～18:00(季節により変動あり)
🈺 不定　🅿10台

雄琴温泉

日本有数の歓楽街として知られる雄琴温泉。その歴史は古
く、万葉集でも多くの歌人に詠まれ、古来、琵琶湖に湧く古湯
として親しまれている。ホテルや旅館が立ち並ぶ温泉街は賑
やかで、湯治場というより行楽地のイメージが強い。

湯元舘
ゆもとかん

1929（昭和4）年創業の老舗。
露天"湯幻逍遥"や琵琶湖を一
望できる最上階（11階）の"月
心の湯"など、4つの温泉を堪
能できる。平成25年にオープ
ンした全10室の露天風呂付
離れ「かろい」も大変好評。

日帰り入浴
食事プラン　貸切露天風呂入浴のみの利用は1人7000円（13:00、14:00、
15:00から1回50分）。宿泊・食事プラン利用者はプラス
3000円で利用できる

- ♪ 077-579-1111
- 📍 大津市苗鹿2-30-1
- 💴 1泊2食付2万4000円〜（2名1室）
部屋数69室、開業1929年
- 🅿 50台　地図／p.32-B
- JRおごと温泉駅から送迎バス5分（要連絡）

琵琶湖グランドホテル 京近江
びわこぐらんどほてる きょうおうみ

琵琶湖畔に立ち、全客室に、
大人3人がゆったり入れる専
用露天風呂が付いている。他
に琵琶湖展望露天風呂や露天
風呂付き大浴場など、入浴施
設が充実。料理は京風の懐石
料理で、季節ごとの近江の幸
を堪能できる。館内には、京都
の金彩工芸品が飾られている。

- ♪ 077-577-2211
- 📍 大津市雄琴6-5-1
- 💴 1泊2食付1万4300円〜
部屋数44室、開業1993年
- 🅿 300台　地図／p.32-B
- JRおごと温泉駅から送迎バス5分

暖灯館きくのや
だんとうかんきくのや

客室は琵琶湖に面し、最高
の景観。さび砂利洗出しの露
天"琴の湯"は、美肌効果が高
いと評判。近江牛や鯉の活造
り、鴨鍋など、湖国ならではの
季節の料理も評判だ。

- ♪ 0120-19-1281
- 📍 大津市雄琴6-1-29
- 💴 1泊2食付1万6200円〜
部屋数22室、一部改装2011年
- 🅿 27台　地図／p.32-B
- JRおごと温泉駅から🚶20分

日帰り入浴
食事プラン　昼食、部屋、温泉入浴が
セットになった8名以
上の特別プラン1人6600円〜。火・
木・日曜限定

露天風呂付
客室プラン　個室で部屋付き露天風呂も楽しめる宿泊プラン1人2万8600
円〜

安曇川・今津・奥琵琶湖

エリアの魅力

観光客の人気度
★★
てくてく歩きの魅力
★★
歴史遺産
★★★

標準散策時間：3時間
（近江高島駅〜白鬚
神社〜鵜川四十八体
石仏群〜びれっじ〜
近江高島駅）

行き方・帰り方の
アドバイス

　JR湖西線の近江舞子
以北の運転本数は日中、
1時間2本。近江今津以
北はさらに減り、永原ま
でが1時間1〜2本程度。
永原以北は1時間に1本
なので、利用の際には時
刻表を確認すること。

観光・交通の
問い合わせ

高島市観光振興課
☎0740-25-8040
びわ湖高島観光協会
☎0740-33-7101
長浜市西浅井支所
☎0749-89-1121
江若交通バス安曇川支所
（はーとバス）
☎0740-32-1371
湖国バス長浜営業所
☎0749-62-3201

古代からの歴史を宿す高原と湖畔のリゾートステージ

　JR湖西線に沿って点在する、港町、風車の町、歴史探訪の町、城
下町と、異なった個性をもつ各町を散策するのが楽しい。比良の山
並みと白砂青松の浜に囲まれたネイチャーゾーンでもあり、冬の
スキー、夏のレイク・レジャー、キャンプなど、豊かな自然を生か
したアウトドア体験スポットが充実している。

 HINT

安曇川・今津・奥琵琶湖への行き方

　京阪神からの新快速利用が便利。観光スポットがある近江高島、
安曇川、新旭、近江今津の各駅に停車する。近江今津へは特急利用
も可能だ。近江今津の先、永原方面へも、直通する新快速がある。

| JR東海道本線 湖西線直通 新快速約1時間20分 | 1980円 |

| JR 湖西線直通 新快速約50分 | 990円 |

大阪駅　　京都駅　　　　　　　　安曇川駅　　近江今津駅

 HINT

まわる順のヒント

　観光スポットは徒歩でも回れるが、各駅の観光案内所に設置さ
れているレンタサイクルを利用するのもいい。各案内所で乗り捨
ても可能だ。湖岸沿いの道路などを走破するのも一興だ。

白鬚神社
しらひげじんじゃ

地図 p.113-D
JR 近江高島駅からタクシーで5分

湖中の朱塗りの大鳥居が目をひく近江最古の神社。本殿は国の重要文化財。祭神は猿田彦命で、延命長寿や縁結び、子授けなどに御利益がある。境内には、与謝野鉄幹・晶子の歌碑が立つ。

♪ 0740-36-1555　♀ 高島市鵜川215
境内自由　℗ 30台

高島びれっじ
たかしまびれっじ

地図 p.113-D
JR 近江高島駅から🚶5分

江戸時代の商家や蔵を改装した交流施設。1～8号館まであり、2、3、5、6、8号館は飲食店。1号館がキャンドル工房、4号館が染色工房で、共に体験ができる。7号館は比良山系などの山岳案内となっている。

♪ 0740-36-1266（びれっじ1号館）
♀ 高島市勝野1400　℗ 30台
開館時間、休館は各館によって異なる（要確認）

POINT てくナビ／織田信長の甥・信澄が築いた城下町だった高島には、大溝城跡の石積みが残る。観光案内は大溝の街並み案内所「総門」（♪0740-36-2011）まで。

鵜川四十八体石仏群
うかわしじゅうはったいせきぶつぐん

地図 p.113-D
JR 近江高島駅から🚶20分

白ひげ浜付近の高台に並ぶ、室町時代様式の48体の石造阿弥陀座像。近年の古文書研究で、1436年には既に存在していたが、誰が何のために造ったかは、依然謎のまま。

現在は、13体が大津市坂本の慈眼堂に移されており（p.40）、2体は行方不明。残る33体が旧西近江路沿道に立ち、琵琶湖対岸の観音寺城の方向に向かって静かに並んでいる。

♪ 0740-33-7101（びわ湖高島観光協会）
♀ 高島市鵜川

近江聖人 中江藤樹記念館
おうみせいじん なかえとうじゅきねんかん

地図 p.113-D
JR 安曇川駅から🚶15分

江戸初期の人で日本陽明学の祖、中江藤樹の記念館。第1展示室は小企画展や藤樹研究関係者の遺品、第2展示室は藤樹の遺品類や資料を展示。

♪ 0740-32-0330　♀ 高島市安曇川町上小川69
🕘 9:00～16:30　¥ 300円、小中学生無料
℗ 7台　㊡ 月曜、祝日の翌日（土・日曜・祝日以外）

陽明園
ようめいえん

地図 p.113-D
JR 安曇川駅から🚶15分

中江藤樹と王陽明の出身地同士という縁で結ばれた、安曇川と中国・余姚市の交流を記念して作られた中国式庭園。八角形の二層式東屋の陽明亭は、余姚・龍泉山公園の陽明亭を、明代の建築様式そのままに復元したもの。

♪ 0740-32-0330（近江聖人中江藤樹記念館）
♀ 高島市安曇川町上小川69　園内自由

藤樹書院跡
とうじゅしょいんあと

地図 p.113-D
JR 安曇川駅から🚶20分

中江藤樹が故郷の安曇川で塾を開いた私塾跡。明治時代に焼失したが再建され、現在は国の史跡に指定されている。藤樹の真筆「致良知」の軸や衣類などを展示。

♪ 0740-32-4156　♀ 高島市安曇川町上小川211
🕘 9:00～16:30　¥ 無料　㊡ 無休　℗ 4台

安曇川・今津・奥琵琶湖

ガリバー青少年旅行村
がりばーせいしょうねんりょこうむら

地図 p.113-E
JR近江高島駅から🚌高島市コミュニティバス「ガリバー旅行村」行き25分（土・日曜・祝日、夏休みのみ運転）♀終点下車🚶すぐ

「ガリバー旅行記」をモチーフにしたアウトドアスポット。フィールドアスレチックなどの遊具と、バンガロー、オートキャンプ場などの宿泊施設が揃う。屋根付きバーベキューサイトもあり、雨天時も楽しめる（要予約）。

📞 0740-37-0744　📍高島市鹿ケ瀬987-1
🕐 9:00〜17:00
🚫 12月1日〜3月31日（開村期間中は無休）
💴 400円　🅿 300台

大荒比古神社
おおあらひこじんじゃ

地図 p.113-B
JR新旭駅から🚌はーとバス西環状線5分♀井ノ口下車🚶5分

13世紀前半の創建で、この地を支配した佐々木氏の崇敬を集めた。毎年5月4日に行なわれる七川祭（しんかわとぎょ）では、神輿渡御や流鏑馬（やぶさめ）、奴振りなども見られる。

📞 0740-25-2200　📍高島市新旭町安井川844
境内自由　🅿あり

高島市新旭水鳥観察センター
たかしましんあさひみずとりかんさつせんたー

地図 p.113-B
JR近江今津駅から🚶30分

カイツブリなどの水鳥を観察できる。施設内にある「カフェHull」のカウンターに座り、のんびりと眺めるのもおすすめ。

📞 0740-25-5803　📍高島市新旭町饗庭1600-1
🕐 10:00〜17:00　🚫火曜（臨時休館あり）
💴 200円　🅿 25台

琵琶湖周航の歌資料館
びわこしゅうこうのうたしりょうかん

地図 p.113-B
JR近江今津駅から🚶3分

今津は、「われは湖の子」の歌い出しで知られる「琵琶湖周航の歌」誕生の地だ。この資料館では、歌にまつわる資料を展示。

📞 0740-22-2108　📍高島市今津町中沼1-4-1
🕐 9:00〜17:00　🚫月曜（祝日の場合は翌日）
💴 無料　🅿 5台

POINT
てくナビ／湖畔沿いの旧街道には趣ある商店街が続く。周辺にはヴォーリズ設計の今津教会などもある。

家族旅行村ビラデスト今津
かぞくりょこうむらびらですといまづ

地図 p.132-F
JR近江今津駅からタクシー30分（キャンプ場以外の宿泊者は送迎あり）

琵琶湖を一望する自然体験交流施設。プチホテル風の「森の交流館」やファミリーコテージ、日帰り利用可の大浴場などがある。

📞 0740-22-6868
📍高島市今津町深清水2405-1
🕐 9:00〜17:00　💴 300円　🅿 300台
🚫 12月1日〜3月31日（開村期間中は無休）

体験交流センターゆめの
たいけんこうりゅうせんたーゆめの

地図p.132-F
JR近江今津駅から🚌湖国バス循環南回り20分♀運動公園下車🚶すぐ

　そば打ち体験ができ（要予約、1セット4名4000円）、打ったそばは1階の「レストランひだまり」で食べることができる。

📞 0740-22-5556　♀ 高島市今津町日置前2435-3
🕐 11:00〜18:00（LO17:30）
🈺 月曜（祝日の場合は翌日）、1・2月　🅿 100台

北淡海・丸子船の館
きたおうみ・まるこぶねのやかた

地図p.132-F
JR永原駅から🚶15分

　丸子船は、北国と都を結ぶ湖上水運の主役として活躍した琵琶湖独特の和船。現存する2隻のうち1隻を保存展示する。「大浦ふるさと資料館」も隣接。

📞 0749-89-1130　♀ 長浜市西浅井町大浦582
🕐 9:00〜17:00（11〜3月は10:00〜16:00）
🈺 300円　🈺 火曜（祝日の場合は翌日）　🅿 5台

箱館山スキー場
はこだてやますきーじょう

地図p.132-F
JR近江今津駅から🚌湖国バス箱館山行き20分♀箱館山下車、ゴンドラで8分

　景観と雪質でスキーヤーに人気。夏には250万輪が咲き誇るユリ園も楽しめる。

📞 0740-22-2486　♀ 高島市今津町日置前
🕐 8:30〜17:00（土・日曜・祝日は異なる）
🈺 冬期営業（期間中無休）　🅿 1100台

黒山石仏群
くろやませきぶつぐん

地図p.132-B
JR永原駅から🚶10分

　賤ヶ岳の合戦で討死した武士の家族が、菩提を弔うために祀ったと伝えられる。明治の廃仏毀釈（はいぶつきしゃく）で埋められたが、再発見されて1カ所に集められた。

♀ 長浜市西浅井町黒山　参拝自由

熊川宿
くまかわじゅく

　鯖街道が若狭から近江へと抜ける国境近くにある宿場町。旧街道沿いの約1.4kmに渡って江戸時代の建物が残り、国の重要伝統的建造物群保存地区に選定されている。中心部は電柱が撤去され、往時の宿場の風情が色濃い。旧熊川村役場が「若狭鯖街道熊川宿資料館・宿場館」として開放されており、宿場の歴史的資料を展示している。

♀ 福井県若狭町熊川　地図p.132-E
JR近江今津駅から🚌JRバス小浜方面行き30分♀橘町下車🚶すぐ
（宿場館）📞 0770-62-0330
🕐 9:00〜17:00（4月〜10月）、〜16:00（11月〜3月）
🈺 200円　🈺 月曜　🅿 5台

食べる

うなぎ・川魚料理

西友本店
にしともほんてん

地図p.113-A
JR近江今津駅から🚶8分

　永年受け継がれてきたタレを使い、関西風に炭火でじっくりと焼いたうなぎは、香ばしい味わいだと定評がある。京阪神からもファンが訪れる。琵琶湖の四季の味も楽しめる。

☎ 0120-39-2105
♀ 高島市今津町住吉2-1-20
🕐 11:00〜14:20、17:00〜20:00
🈺 不定　🅿 20台
🈺 ひつまむし膳3520円

敦賀

港とともに栄えてきた自然と歴史が息づく町

敦賀は古くから海陸交通の要地として栄えた港町。北陸道の総鎮守である氣比神宮や、日本三大松原のひとつ、気比の松原など、史跡・景勝地も多く、芭蕉をはじめ俳句や歌に詠まれている。

 HINT

敦賀への行き方

京阪神から敦賀までは、JRの新快速か特急の利用が便利。

| 🚃 JR東海道本線・湖西線新快速 2 時間 | 2310 円 |

大阪駅 — **京都駅**　| 🚃 JR東海道本線・湖西線新快速 1 時間 30 分 | 1690 円 |　**敦賀駅**

＊特急利用の場合、大阪〜約 1 時間 20 分 4170 円〜／京都〜約 50 分 2890 円〜

| 🚃 JR北陸本線 普通約 50 分 | 860 円 |

米原駅 — **近江塩津駅**

＊近江塩津で乗り換えが多い。その場合は約 1 時間 15 分。特急利用の場合は約 30 分 1620 円〜

 HINT

まわる順のヒント

金ヶ崎城跡、赤レンガ倉庫、氣比神宮の各スポットは比較的近く、歩いて移動できる。バスと徒歩のほか、シェアサイクルも便利。駅の観光案内所をはじめ9カ所で貸してくれる（60分220円〜）。

見る＆歩く

金ヶ崎城跡

かねがさきじょうあと

地図p.123-B
JR敦賀駅から🚌「ぐるっと敦賀周遊バス」9分♀赤
レンガ倉庫下車🚶8分、8分♀金崎宮下車🚶5分

後醍醐天皇の皇子を奉じて新田義貞が足
利軍と戦った古戦場。戦国時代には、信長の
命で、秀吉・家康が浅井・朝倉の連合軍と戦っ
た「金ヶ崎の退き口」の舞台。小高い山にあり、
眺めもよく、桜の名所としても知られる。

📞 0770-22-0938（金崎宮社務所）
📍 敦賀市金ヶ崎町　見学自由　🅿30台

氣比神宮

けひじんぐう

地図p.123-B
JR敦賀駅から🚌コミュニティバス松原線4分♀氣比
神宮前下車🚶すぐ

7柱のご祭神を祀る北陸道の総鎮守。大
宝2（702）年創建の古社で、「けいさん」の
愛称で親しまれている。高さ11mもの大鳥
居（重要文化財）は、春日大社（奈良県）、厳島
神社（広島県）と並ぶ、日本三大木造鳥居の
ひとつ。

📞 0770-22-0794　📍 敦賀市曙町11-68
🕐 6:00～17:00　休 無休　¥ 無料　🅿50台

気比の松原
けひのまつばら

地図 p.123-A
JR敦賀駅から🚌コミュニティバス松原線12分♀気
比の松原下車🚶5分

白砂青松の
コントラスト
が美しい、日
本の三大松原
のひとつ。敦賀湾に沿って曲線を描く砂浜
に赤松や黒松が約1万7000本生い茂り、こ
こは一夜にしてできたという伝説もある。

📞 0770-21-8686（敦賀観光案内所）
📍 敦賀市松島町　🅿あり

敦賀赤レンガ倉庫
つるがあかれんがそうこ

地図 p.123-B
JR敦賀駅から🚌ぐるっと敦賀周遊バス（観光ルート）
10分♀赤レンガ倉庫下車🚶すぐ

敦賀金ヶ崎に2棟並ぶ、福井県内でも有数
のレンガ建造物。1905年建築。現在、国の登
録有形文化財に指定。2015年に南棟をレス
トラン館、北棟をジオラマ館とする観光施
設としてリニューアルオープン。

📞 0770-47-6612　📍 敦賀市金ヶ崎町4-1
🈺 水曜（祝日の場合は翌日）　ジオラマ館／🕐
9:00〜17:30（最終入館17:00）　💴400円　レ
ストラン館／各店舗で異なる　🅿あり

旧敦賀港駅舎（敦賀鉄道資料館）
きゅうつるがこうえきしゃ（つるがてつどうしりょうかん）

地図 p.123-B
JR敦賀駅から🚌ぐるっと敦賀周遊バス約8分♀金
ヶ崎緑地下車🚶すぐ

日本とヨーロッパとを結ぶ「欧亜国際連
絡列車」の発着駅拠点として大正2（1913）

年に創られた敦賀
港駅舎を再現。列
車模型など、敦賀
鉄道に関する歴史
が展示されている。

📞 0770-21-0056　📍 敦賀市港町1-25
🈺 水曜（祝日の場合は翌日）、12月29日〜1月3日
🕐 9:00〜17:00　💴無料　🅿あり

柴田氏庭園
しばたしていえん

地図 p.132-B
JR敦賀駅から🚌コミュニティバス金山線24分♀市
野々下車🚶すぐ

豪農・柴田権
右衛門が絵師・
狩野探幽に地割
り設計を任せた
という築山泉水
庭（名勝）。江戸前期にできたもので、別名「甘
棠園（かんとうえん）」とも呼ばれ、簡素な古式書院と池、木々
が心地よく調和している。参勤交代時には、
小浜藩主の休憩所にもなった。

📞 0770-21-8686（敦賀観光案内所）
📍 敦賀市市野々1-18-2　🕐8:30〜17:00
🈺 無休　敷地内見学自由（建物内入館不可）　🅿あり

西福寺
さいふくじ

地図 p.123-A
JR敦賀駅から🚌コミュニティバス松原線19分♀西
福寺下車🚶すぐ

14世紀に活
躍した名僧・良
如（りょうにょ）上人が建立し
た浄土宗の名刹。極楽浄土を再現した1400
坪の書院庭園（名勝）は、江戸中期の作。全国
唯一の、池上の四修廊下からの眺めもおす
すめ。応仁の乱を避けて移設された文化財
も多く、建造物すべてが国の重文指定。

📞 0770-22-3926　📍 敦賀市原13-7　🕐9:00〜17:00
（16:30最終受付）　🈺無休　💴300円　🅿あり

買う & 食べる

レストラン

敦賀ヨーロッパ軒
つるがよーろっぱけん

地図 p.123-B
JR敦賀駅から🚌コミュニティバス
松原線5分📍神楽町下車🚶5分

　先代が1913（大正2）年に
ドイツから持ち込んだウスター
ソースを使って考案したメ
ニューが、福井名物のソース
カツ丼（864円）。熱々のご飯
と、キメ細かいパン粉で揚げ
たカツに甘みと酸味が利いた
秘伝のソースがからみ絶妙。
レトロな外観が目印だ。

📞 0770-22-1468
📍 敦賀市相生町2-7
🕐 11:00〜20:00
休 月・火曜（祝日の場合は営業）
P 30台
¥ ソースカツ丼セット1150円

魚料理

地魚料理まるさん屋
じざかなりょうりまるさんや

地図 p.123-B
JR敦賀駅から🚶3分

　魚問屋の直営だけに、刺身
の量の多さに驚く。15種以上
揃う旬の刺身や、丸ごと焼く
名物の浜焼さば（1419円）な
どが絶品。写真は、ボリューム
満点の旬の刺身盛合せ御膳。

📞 0770-22-4528
📍 敦賀市白銀町6-41
🕐 11:00〜23:30（LO22:30）
　［16:00〜夜の部、日曜およ
　び連休の最終日は22:30
　（LO21:30）まで］
休 無休
P 10台（近隣にもPあり）
¥ お刺身御膳1749円

そば

越前そば むぎや
えちぜんそば むぎや

地図 p.123-B
JR敦賀駅から🚶12分

　創業200年近くの老舗。越
前そばは太めでコシが強く喉
ごしがよい。人気はおろしそ
ば（700円）。辛味大根を合わ
せたつゆの辛さが食欲をそそ

る。サクッと揚がった天ぷら
も大好評。

📞 0770-22-0514
📍 敦賀市本町1-7-21
🕐 11:30〜15:00、17:00〜21:00
休 水曜（祝日の場合は営業）
P あり
¥ 天おろしそば1250円

蒲鉾

小牧かまぼこ
こまきかまぼこ

地図 p.123-B
JR敦賀駅から🚶15分

　敦賀名産のかまぼこをはじ
め、隣接する工場から届くで
きたてホヤホヤの各種練りも
のが揃う。その工場では手作
り体験（有料）や製造工程の見
学もできるので、売店だけで
なく覗いてみたい。

📞 0770-22-1651
📍 敦賀市余座13-1-1
🕐 9:00〜17:00（売店・喫茶
　のみ）
休 12月31日〜1月3日（製
　造工程見学のみ水・日曜休）
P 20台
¥ 小板かまぼこ焼490円〜

朽木

エリアの魅力

観光客の人気度
★★★
てくてく歩きの魅力
★★
歴史遺産
★★★

標準散策時間：3時間
（朽木学校前バス停〜
丸八百貨店〜朽木陣
屋跡・郷土資料館〜旧
秀隣寺庭園（興聖寺）〜
グリーンパーク想い
出の森・くつき温泉）

まわる順のヒント

　朽木学校前バス停が観
光の拠点。すぐそばの「鯖
街道交流館」、「道の駅くつ
き新本陣」にトイレや休憩
処がある。主な見どころは
旧鯖街道である国道367
号線沿いの、約2kmの範
囲に点在している。

観光・交通の問い合わせ

高島市観光振興課
℡0740-25-8040
江若交通バス
安曇川支所
℡0740-32-1371
京都バス高野営業所
℡075-791-2181

"鯖街道" 沿いの交易拠点として歴史ある集落

　若狭名産の鯖を京都に運んだ"鯖街道"。街道沿いにある朽木は
逃亡中の足利将軍を匿ったり、信長が越前からの退却時に利用す
るなど、史上に名を残す。山あいながら名物は今も鯖寿司だ。

朽木への行き方

　JR安曇川駅から江若交通バス利用が便利。朽木支所前などを通
り、35分で観光拠点の朽木学校前に着く。冬期を除く土曜・休日に出
町柳駅前〜朽木（1時間17分）直通の京都バスも走る。

見る＆歩く

朽木陣屋跡
くつきじんやあと

地図 p.113-C
JR安曇川駅から🚌江若交通バス朽木方面行き30
分🚏朽木グラウンド前下車🚶5分

　朽木氏の陣屋跡に民家を移築し、史跡公
園として整備。昔の暮らしを偲べる民家や、

隣接している
朽木資料館の
見学は予約制
となっている。

℡ 0740-36-1553（高島歴史民俗資料館で予約）
📍 高島市朽木野尻　🕘 9:00〜16:30
休 月・火曜、祝日　🈯 無料　🅿 10台

丸八百貨店
まるはちひゃっかてん

地図 p.113-C
JR安曇川駅から江若交通バス朽木方面行き33分 ♀朽木支所前下車3分

鯖街道のシンボル。昭和初期建築のレトロな建物は、1997（平成9）年に国の登録文化財に指定された。1階は特産品の販売、資料展示、丸八カフェ、休憩所などがある。

🎵 0740-38-3711　♀高島市朽木市場838
🕐 10:00〜16:00
休火曜、年末年始　P 10台

旧秀隣寺庭園（興聖寺）
きゅうしゅうりんじていえん（こうしょうじ）

地図 p.113-C
JR安曇川駅から江若交通バス朽木方行き35分 ♀朽木学校前下車15分

16世紀半ば、都から逃れてきた室町幕府12代将軍足利義晴と、13代将軍義輝をなぐさめるため、領主の朽木氏や近江の諸大名が、現在の興聖寺境内に造った庭園。国の名勝に指定されている。

🎵 0740-38-2103　♀高島市朽木岩瀬374
🕐 9:00〜17:00　休無休
￥300円　P 30台

グリーンパーク想い出の森
ぐりーんぱーくおもいでのもり

地図 p.113-C
JR安曇川駅から江若交通バス朽木方面行き35分 ♀朽木学校前下車シャトルバスで7分

森林公園内の総合レジャーランド。宿泊施設やグラウンドゴルフなどがある。くつき温泉「てんくう」は天然温泉。巨大な天狗の顔をかたどった露天風呂「てんぐぶろ」がシンボルだ。泉質はアルカリ性単純泉。

🎵 0740-38-2770　♀高島市朽木柏341-3
休無休　🔨施設により異なる　P 300台
てんくう 🕐 10:00〜21:00（プールは19:00までで10〜3月休業）￥お風呂700円、お風呂＋プール1300円

朽木

買う＆食べる

鯖寿司
道の駅くつき新本陣
みちのえきくつきしんほんじん

地図 p.113-C
JR安曇川駅から江若交通バス朽木方面行き35分 ♀朽木学校前下車すぐ

朽木村の特産品が揃っている。名物の鯖寿司や栃餅、それにここだけの鯖のなれずしまで豊富。食事処とでは、ランチバイキングがおすすめ。

🎵 0740-38-2398　♀高島市朽木市場777
🕐 9:00〜17:00　休火曜（祝日の場合は翌日）P 90台　￥鯖寿司1500円〜

鯖寿司
栃生梅竹
とちうめたけ

地図 p.113-C
JR安曇川駅から江若交通バス朽木線細川行き45分 ♀腰越下車5分

鯖寿司のテイクアウト専門店。生っぽく仕上げられていて、買ってすぐ食べて美味。店

🎵 0740-38-3297
♀高島市朽木栃生275-1
🕐 10:30〜18:00　休月曜
P 7台　￥鯖寿司1本2800円〜

内では食事もできる。1本2800円〜、ハーフ1450円〜。

蕎麦
永昌庵
えいしょうあん

地図 p.113-C
JR安曇川駅から江若交通バス細川行き43分 ♀桑ノ橋下車3分

鯖街道沿いに建つ民家風の蕎麦店で、手打ちそばは絶品。ざるそば720円がおすすめ。朽木特産の栃あげ310円も。

🎵 0740-38-3233　♀高島市朽木大野178-5　🕐 11:00〜17:00（売り切れじまい）休日曜、祝日（夏期・冬期不定休あり）
P 8台　￥ざるそば720円

旅の準備のアドバイス

琵琶湖・近江路への行き方

交通の要所であるため、どの方面からもアクセスはいいが陸路に限られる。東からはJR、関西方面からはJRだけでなく京阪線も便利だ。新幹線を利用する場合、大津・比叡山エリアを訪れる場合は京都を起点にし、彦根・長浜方面ならば米原がその後の動きがとりやすい。

主要交通機関の問い合わせ先

JR西日本(おでかけネット)
☎ 0570-00-2486 http://www.jr-odekake.net/
JR東海
☎ 050-3772-3910 http://jr-central.co.jp/

JR東日本
☎ 050-2016-1600 http://jreast.co.jp/
京阪電鉄
☎ 06-6945-4560 http://www.keihan.co.jp/

個別予約で行く

琵琶湖・近江路へ、京阪神や名古屋周辺からは主にJRを利用する。新幹線や新快速などアクセスはいいが、近距離なので割引切符はさほどない。「青春18きっぷ」などをうまく活用しよう。東京など遠方から訪れる場合、玄関口は京都。滋賀行きのJRの列車は、京都から県下各地へ向かっている。

■ 新幹線・鉄道利用

京阪神からは新快速(p.24)利用が一般的だ。1日にJRの普通列車で2370円分以上移動するなら、「青春18きっぷ」を利用するとお得。JR西日本では近郊区間のキャンペーンをしばしば行ない、期間限定の割引切符も発売するので、駅のパンフレットやホームページに注目したい。東京方面からは京都経由で滋賀へ向かうケースも多いので、京都への割引切符も利用できる。

東京〜大津 各交通機関の運賃比較 (新幹線は京都経由。山科or京都〜大津のJR運賃を含む)

列車・切符等の種類	片道	往復	条件など
新幹線「のぞみ」 駅で通常購入	1万4370円	2万8740円	普通車指定席(通常期)
新幹線「のぞみ」 回数券バラ売	1万3350円	2万6700円	金券ショップで。店により異なる
新幹線「ひかり」 駅で通常購入	1万4050円	2万8100円	普通車指定席(通常期)
「ぷらっとこだま」	1万500円	2万1000円	普通車指定席利用
西武・西日本JRバス	4000円〜	8000円〜	夜行高速バス

■琵琶湖・近江路の旅に便利な切符

「ぷらっとこだま」

　JR東海ツアーズ、JTBが発売する「こだま」指定席専用の格安プラン。出発前日までの予約で、片道、一人旅でもOK。東京、品川、新横浜、名古屋など～京都間で（米原への設定はない）、東京～京都は片道1万300円。「のぞみ」号を利用するより4070円も安い。

青春18きっぷ

　毎年、春、夏、冬休みの時期に発売。JR全線の普通・快速列車が1日乗り放題×5日分で1万2050円。使用する年齢や人数の制限はなく、グループで使ってもいい。1日＝2410円なので、大阪から近江八幡などより遠方への日帰り往復に使うと得だ。

■夜行高速バス利用

　東京方面から滋賀への夜行バスは、埼玉や千葉から東京（東京駅鍛冶橋駐車場、バスタ新宿）、南草津を経て京都や大阪へ向かうものが多い。東京駅鍛冶橋駐車場やバスタ新宿始発のものもある。2021年5月分で8便の運行がある。バス比較ナビ https:// www.bushikaku.net/ や高速バスドットコム https://www.kosokubus.com/ は出発地や料金が比較できて便利。

伊丹空港から近江路へ
大阪（伊丹）空港からは、京都駅八条口へのリムジンバスが乗り継ぎもスムースで便利。
55分、1340円　大阪空港交通 ♪ 06-6844-1124

関東から滋賀へ高速バスを運行している会社

オリオンバス	https://www.orion-bus.jp/	♪ 050-5550-8772
広栄交通バス	https://www.koeikotsu.jp/	♪ 049-284-3495
さくら観光	https://www.489.fm/	♪ 0570-666-395
三栄交通	http://www.saneikoutsu.com/	♪ 0479-68-4671
ジャムジャムエクスプレス	https://jamexp.jp/	♪ 050-3802-1544
杉崎観光バス	https://www.sugizaki-highwaybus.com/	♪ 050-3851-1365
西日本ジェイアールバス	https://www.nishinihonjrbus.co.jp/	♪ 0570-00-2424（ナビダイヤル）
山一サービス	http://www.yamaichi-s.com/	♪ 0771-88-5131

フリープランで行く

東京→大津1泊2日の旅（2021年5月の例／いずれも京都or山科～大津のJR往復運賃含む）

新幹線「のぞみ」普通車指定席往復＋シティホテル1泊	2万2300円～
旅行会社A社の「フリープラン」で、新幹線往復（東京～米原）＋シティホテル1泊	2万3100円～

　各旅行会社が販売する「フリープラン型ツアー」を利用する方法もある。これは、目的地への交通機関と宿をセットし、「琵琶湖1泊2日フリー」などと記載されるもの。現地での行動はすべて自由で、個別に交通機関と宿を手配するより安い。ただし、季節や曜日により料金は変動し、早朝・深夜の便や、日曜宿泊などは割安に設定されている。

　琵琶湖方面へのフリープランは、京都向けのパンフレットに掲載されていることが多いが、数は少ないのが実情。もし、目的や予算にあったプランがなければ、京都宿泊のフリープランで、京都を拠点に近江路をめぐる方法も検討したい。

申し込み・キャンセルは早めに

　ほとんどのツアーは10日前に申し込みを締め切る。キャンセル料金も出発3週間前あたりからかかってくるので、注意が必要。

旅の準備のアドバイス

大津・湖東・湖南

1:282,000

0　　5km

N

天狗岳 ▲928

佐々里峠

A

武奈ヶ岳 ▲1214

滋賀県

くつき新本陣
興聖寺 卍

P.127 蛇谷ヶ峰 902▲

朽木
スキー場

・グリーンパーク想い出の森

367

安曇川

P.118

高島市

藤樹の里あどがわ

あどがわ

湖西線

藤樹書院跡 P.119

びわ湖こどもの国

近江今津

萩の浜

近江高島

P.119 鵜川四十八体石仏群
P.119 白鬚神社

おうみたかしま

161

白ひげ浜

北小松

琵琶湖

B

比良げんき村
きたこまつ

P.116
楊梅の滝

おうみまいこ

近江舞子

新海方

P.116
びわ湖バレイ

1174▲
蓬莱山

志賀IC

しが

松の浦

ひら

琵琶湖国定公園

沖島 P.55
伊崎不動 卍

113

長命寺 卍

花折トンネル

ほうらい

宮浜

宮ヶ浜の湯 ♨
P.134 休暇村近江八幡 H

京都府

芹生峠

花脊峠

477

P.21 café smile R

妹子の郷
和邇IC

蓬莱

わに

湖西線

和邇浜

おの

八幡城跡 卍

貴船山 ▲700
鞍馬山 ▲584

貴船神社 卍
鞍馬寺 卍
くらま

きぶねぐち
にのせ

367

奥比叡
ドライブウェイ

真野IC

真野浜

P.50

近江八幡

おうみはちまん

篠田神社 卍

びわ湖大橋米プラザ

115

びわ湖
大橋 M

きぬがわ

上賀茂神社 卍

いちはら
にけんちゃや

P.114
かたた

堅田
浮御堂
満月寺

477 兵主神社 卍

錦織寺 卍 しのはら

いわくら

比叡山
848▲

寂光院 卍
三千院 卍

仰木雄琴IC
雄琴温泉
おごとおんせん

佐川
美術館 M

近江妙蓮公園

8

竜王
かがみの里

E

比叡山

P.42

延暦寺 卍

ひえいざんさかもと

坂本北IC

坂本 P.39

P.76 琵琶湖博物館 P.77

草津市立水生植物公園みずの森 M

三上山
▲432

県立希望が丘
文化公園

鏡山 ▲385

竜王町

竜王
IC

きの

修学院離宮

43

161

からさき

守山市

もりやま

御上神社 卍

湖南十二坊の森

F

大徳寺 卍
下鴨神社 卍

でまちやなぎ

161

近江神宮
おおつきょう

唐崎神社 卍

りっとう

78

アグリの郷栗東 P

旧中山道栗東

湖南市

京都

南禅寺 卍

三井寺 卍

びわこはまおおつ

くさつ

菩提寺PA

石部宿 P.79
P.79 石部
宿場の里

常楽寺 卍

水生寺 卍
こうせい

じょうじ

京都御所

知恩院 卍

清水寺 卍
やましな

大津 P.29

みなみくさつ

草津

P.78

草津宿本陣

草津
PA

長寿寺 卍

旧東海道

P.78

34

おおつ

1

伏見稲荷 卍

東福寺 卍

石山・瀬田
いしやまでら
音羽山 ▲593

45

せた

石山寺 卍
石山IC

草津JCT

瀬田
東IC

草津田上IC

JRA栗東
トレーニングセンター

栗東市

こんぜの里りっとう

森遊館

▲693
阿星山

金勝寺 卍

醍醐寺 卍

懺法院 卍

JR
ふじのもり

伏見桃山城
ももやま

日野薬師 卍

岩間寺 卍

422

32

アセボ峠

信楽IC

京阪本線

巨椋池IC

久御山JCT

24

近鉄奈良線

京滋バイパス

京滋バイパス

笠取IC

南郷IC

P.23 叶 匠壽庵 寿長生の郷 R

立木観音（安養寺）P.45

太神山 ▲600

MIHO MUSEUM
P.83

P.82 史跡紫香楽宮跡
（寺院跡・内裏野地区）

飯道山 ▲664

宇治西IC

宇治東IC

朝日山 卍

P.83 魚松 R 信楽店

P.83 窯元 うつわ

くもい

83

信楽高原鐵道

久御山町

城陽市

宇治市

しんでん

奈良線

禅定寺 卍

信楽

P.82

P.85 魚松
しがらき

P.85 滋賀県立陶芸の森

ぎょくけいじ

城陽市
なかいけ

田辺IC
おおすみ

宇治田原町

鷲峰山 ▲682

307

鷲光寺 卍

307

笹ヶ岳 ▲739

422

21

田辺西IC

やましろあおだに

神田PA
北陸自動車道
近江母の郷
さかた
ざめがい
米原IC

かしわばら
柏原宿 P.110
21
伊吹PA
今須宿 P.110
掛斐関ヶ原養老国定公園

関ヶ原町
関ヶ原IC
上石津PA
名神高速道路

醒井宿 P.110
居醒の清水 P.110
P.110 寝物語の里

P.134 彦根ビューホテル
米原
まいばら
米原JCT

岐阜県

多景島

旧鳥居本宿 P.74
とりいもと

霊仙山
▲1094

D

大垣市

養老山
859▲

365

松原
72-73
彦根城
ひこね

P.68
彦根
みなみひこね
彦根IC

たがたいじゃまえ
そば吉 P.75
卍多賀大社 P.74
多賀や P.75

306

鞍掛トンネル

中里ダム

石寺の松並木
荒神山
▲284
かわせ
8
たかみや
スクリーン
多賀SA
多賀町

御池岳
▲1247

にしふじわら
藤原岳
1140▲
にしのじり
ひがしふじわら

いなべ市
あげき

登山水車と
ズーランド
のとがわ

いなえ
豊郷町
とよさと
えちがわ
甲良町
ダイニックアストロ
パーク天究館
せせらぎの里こうら
甲良PA

卍西明寺
P.73

卍金剛輪寺 P.73
湖東三山スマートIC・PA

竜ヶ岳
▲1099

岐阜鉄道三岐線
365

卍霊馬寺 P.65
でかしょう
五個荘
卍観音正寺
土城跡
P.62
づち
安土
62
P.59
67 太郎坊宮
万葉の森ようかいち
船岡山
P.67
沢神社
いちのべ
八日市
P.66
八日市IC
名神高速道路

愛荘町
かわべのもり
307
近江鉄道

湖東三山 P.73
百済寺 P.73卍

M世界凧博物館 東近江大凧会館
東近江市
あいとうマーガレットステーション

滋賀県
M木地師資料館 P.67
奥永源寺渓流の里

H
三重県

日登美美術館 P.67
421

釈迦ヶ岳
▲1092

黒丸PA
蒲生スマートIC卍石塔寺
307
卍永源寺 P.67
永源寺ダム

鈴鹿国定公園
尾高観音卍
県民の森
朝明渓谷

菰野町
菰野IC

アグリパーク竜王
カリ版伝承館

馬見岡綿向神社
P.66
日野

鬼室神社
滋賀農業公園
ブルーメの丘 P.67
近江日野商人館 P.66
ひの
雲迎寺

綿向山
▲1110

雨乞岳
1238▲

御在所岳
1212▲
湯の山温泉

ゆのやま
おんせん

近鉄湯の山線
こもの

大池寺 P.80

グリム冒険の森

鎌ヶ岳▲1161

宮妻峡

入道ヶ岳
▲906
椿大神社

鈴鹿PA
スマートIC
鈴鹿PA
鈴鹿IC

P.80
口城跡
賀市
みなくち
きぶかわ

菓子処 菓子長 P.86

鎌掛ホンシャクナゲ群落

野洲川ダム

野登山
▲851

鈴鹿の森GC

東名阪自動車道

甲南
こうなん

甲賀土山IC
あいの土山
土山宿 P.81
田村神社 P.81

477

鈴鹿PA
スマートIC

こうしょう
甲賀の里 忍術村 P.86
甲賀
こうか
土山SA

亀山西
JCT
亀山市

甲賀流忍術屋敷 P.86
甲南
こうなん
椿野寺
油日神社
那須ヶ原山
▲800

新名神高速道路

鈴鹿峠

亀山PAスマートIC
亀山PA
亀山IC

余野公園
つげ
25
かぶと
関宿
関JCT
伊勢関IC
せき

亀山JCT

関西本線

伊賀市
関西本線
いが
25
かめやま

1
いだがわ

131

湖北・湖西

1:282,000
0　　　　6km

N

御神島

若狭湾

若狭湾国定公園

敦賀湾　**123**
西福寺卍
気比の松原
つるが　敦賀
P.122　**敦賀**
旗護山トンネル
柴田氏庭園 P.124
27
敦賀IC
北陸本線

小浜線
ひがしみはま
敦賀南スマートIC
東美浜
つるが
しんひきだ

A
常神半島
レインボーライン
梅丈岳▲
虹岳島温泉♨
みはま
竜沢寺
美浜町
若狭美浜IC
野坂岳
▲913

三方五湖
三方五湖P
三方五湖PA
三方五湖スマートIC
若狭三方IC
三方石観世音卍
みかた
若狭町
雲谷山▲786

B
福井県
三国山
▲876
国境高原スノーパーク♨
葉鞍岳♨
▲865

久須夜ヶ岳
▲619
ふじい
渓流の里
マキノ/白谷温泉♨
P.121 黒山石仏群
ながはら
在原民家集落

舞鶴若狭自動車道
羽賀寺卍
おおとば
円城寺卍
とむら
三重嶽
▲974
マキノ/高原スキー場
P.121 北淡海・丸子船の館
マキノ追坂峠

小浜
若狭おばま
小浜IC
ひがしおばま
若狭上中IC
若狭ありた
かみなか
マキノピックランド
マキノ
奥琵琶湖
P.118

多田寺卍
しんひらの
小浜線
P.120 家族旅行村ビラデスト今津●
箱館山▲547
サニービーチ
大崎観音
海津大崎
P.15
おうみなかしょう

国分寺卍
若狭彦神社卍
万徳寺卍
神宮寺卍
明通寺卍
千石山
▲682
P.121 熊川宿
若狭熊川宿
303
P.121 箱館山スキー場
P.121 体験交流センターゆめの
極楽寺庭園
今津浜
おうみいまづ

C

D

E

F
百里ヶ岳
▲931
303
P.118 **今津**

三国岳
▲776

滋賀県
P.126 **朽木**
くつき新本陣
興聖寺卍
朽木渓谷●
♨朽木GC
グリーンパーク想い出の森 P.127
朽木スキー場
蛇谷ヶ峰
▲902
あどがわ
P.118 **安曇川**
高島市
しんあさひ
しんあさひ風車村
藤樹の里あどがわ
藤樹書院跡 P.119

三国岳
▲959

I
天狗岳
▲928
佐々里峠

G

H

京都府
京都市

武奈ヶ岳
▲1214
比良げんき村
P.119 鵜川四十八体石仏群
P.116 楊梅の滝
きたこまつ
おうみたかしま
びわ湖こどもの国
近江白浜
萩の浜
白ひげ浜
白鬚神社 P.119
北小松

琵琶湖
琵琶湖

113

J

P.116 びわ湖バレイ
志賀IC
▲1174
蓬莱山
▲1174
おうみまいこ
近江舞子
びわ
しが
松の浦
沖島 P.55
伊崎不動卍
宮ヶ浜の湯♨
P.134 休暇村近江八幡
宮ヶ浜
琵琶湖国定公園

花折トンネル
ほうらい
大津市
和邇IC
湖西線
蓬莱
わに
和邇浜
おの

477
芹生峠
花脊峠

56
長命寺卍
P.50 **近江八幡**
八幡城跡

C

刀根PA

北陸自動車道

和蔵堂(善隆寺) P.15
おうみしおつ
よご
卍恵円寺
P.15
卍
卍医王寺 P.13

賤ヶ岳SA

蓮通寺
P.15
木之本IC

ウッディパル余呉

菅山寺

賤ヶ岳
421▲

きのもと

卍石道寺

101

塩津海道
あぢかまの里

横山岳
▲1132

八草峠

金糞岳
▲1317

グランスノー奥伊吹

303

木之本・高月・浅井 P.100

姉川ダム

湖北みずどり
ステーション

小谷城跡
小谷城スマートIC
須賀谷温泉

たかつき

道の駅
浅井三姉妹の郷
P.105

姉川古戦場 P.105

竹生島 P.99
卍宝厳寺 P.99
卍都久夫須麻神社 P.99

P.89
長浜

北陸本線

南浜

とらひめ

G

94-95

長浜IC

ながはま

365

たむら
神田PA

近江母の郷
さかた

P.134 鵜池荘 H

おうみながおか

名神高速道路

さめがい

D

徳山ダム

417

花房山
1190▲

蕎麦粒山
▲1297

天狗山
1149▲

夜叉ヶ池の里さかうち

権現山
1158▲

横山ダム

星のふる里ふじはし

揖斐川町

岐阜県

池田山
924▲

伊吹山
1377▲

H

伊吹山ドライブウェイ

伊吹の里

関ヶ原

垂井町

かしわばら

関ヶ原古戦場

せきがはら

関ヶ原町

関ヶ原IC
今須宿 P.110

上石津PA

柏原宿
P.110

寝物語の里
P.110

21

伊吹PA

揖斐関ヶ原養老国定公園

醒井宿 P.110
居醒の清水 P.110

霊仙山
▲1094

大垣市

養老山
859▲

L

中里ダム

三重県
いなべ市

P.134 彦根ビューホテル H

多景島

米原

旧鳥居本宿

米原IC

まいばら

米原JCT

彦根城址

P.72-73

松原

ひこね

彦根 P.68

彦根IC

東海道新幹線

みなみひこね

荒神山
▲284

かわせ

たかみや

スクリーン

K

8

豊郷町

とよさと

たかたいしゃまえ

R そば吉

卍多賀大社 P.74

多賀や P.75

御池岳
▲1247

石寺の松並木

近江鉄道(湖東近江路線)

せせらぎの里
こうら

多賀SA

多賀町

ダイニックアストロ
パーク天究館

敏掛トンネル

甲良町

甲良PA

306

御池岳
▲1247

にしふじわら

のとがわ

いなえ

えちがわ

愛荘町

卍西明寺 P.73

近江鉄道(近江八幡路線)

湖東三山スマートIC・PA

卍金剛輪寺 P.73

湖東三山 P.73

にしほじわら

藤原岳
1140▲

五個荘 P.63

ごかしょう

307

養老鉄道

133

宿泊ガイド

　ホテルの室料は⑤（シングル）①（ツイン）で表記しています。旅館の宿泊料金は、原則として平日・大人2名1室利用での1名の基本料金を税・サービス料込で紹介しています。休前日・特定日等の場合や宿泊人数によって料金が異なる場合がありますので、予約の際に必ず確認してください。

浜大津	琵琶湖ホテル	♪077-524-7111／地図：p.34-B／①2万2000円～ ●7タイプ全171室のすべてが琵琶湖を一望。露天風呂付き天然温泉も完備。
浜大津	ホテルピアザびわ湖	♪077-527-6333／地図：p.35-G／※コロナ禍により臨時休業 ●客室70室。琵琶湖畔、なぎさ公園に面して立つ。7階には展望浴場がある。
比叡山	ロテルド比叡	♪075-701-0201／地図：p.32-A／①朝食付2万円～ ●比叡山中に建ち琵琶湖の絶景が見渡せる。本格フランス料理を楽しめる。
膳所	びわ湖 大津プリンスホテル	♪077-521-1111／地図：p.35-H／①1万7620円～　●客室530室。地上38階、客室は全室レイクビュー。最寄駅からのアクセスもよく、滋賀・京都観光の拠点として最適。
近江八幡	休暇村近江八幡	♪0748-32-3138／地図：p.130-B／東館1万8900円～、西館1万5950円～ ●客室95室。自然の中の公共の宿。琵琶湖が眺められる温泉露天風呂もある。
近江八幡	コンフォートイン 近江八幡	♪0748-36-0001／地図：p.56-E／⑤5600円～／①6600円～ ●客室116室。駅から2分。全室禁煙。近江八幡観光に便利な立地。
彦根	彦根ビューホテル	♪0570-047-800／地図：p.131-C／1泊2食付1万1880円～ ●本館80の客室が琵琶湖に面する湖畔のリゾートホテル。コテージもある。
彦根	かんぽの宿彦根	♪0749-22-8090／地図：p.72-A／1泊2食付1万3000円～　●客室41室。全客室レイクビュー。浴室は天然温泉。琵琶湖を眺めながら入浴できる。
長浜	ホテル＆リゾーツ 長浜	♪0749-64-2000／地図：p.94-D／⑤6500円～／①1万6500円～（入湯税別途150円） ●客室367室。赤茶色が特徴の長浜太閤温泉露天風呂がある。
長浜	国民宿舎豊公荘	♪0749-62-0144／地図：94-D／1泊2食付7850円＋入湯税150円 ●客室18室。豊公園内、長浜城のそば。大浴場は天然温泉の長浜太閤温泉。
賤ヶ岳	想古亭源内	♪0749-82-4127／地図：p.101-A／1泊2食付2万350円～ ●宿泊は1日4組限定。賤ヶ岳の山裾にある料理旅館。フナの味噌蒸しが名物（要予約）。
尾上温泉	旅館紅鮎	♪0749-79-0315／地図：p.101-C／1泊2食付2万6400円～ ●客室14室。全部屋温泉露天風呂付き、竹生島が浮かぶ琵琶湖を一望できる。
三島池	鴨池荘	♪0749-55-3751／地図：p.133-H／1泊6600円～ ●グリーンパーク山東内の和風旅館。アウトドア施設が充実。9室。
近江今津	今津サンブリッジホテル	♪0740-22-6666／地図：p.113-B／⑤5500円～ ●客室55室。四季折々の琵琶湖の眺めを楽しめるシティリゾートホテル。
敦賀	北国グランドホテル	♪0770-22-4551／地図：p.123-B／1泊2食付1万2400円～ ●北陸トンネル工事で湧き出た「トンネル温泉」展望大浴場が人気。49室。

さくいん

さくいん

ブルーガイド
22
てくてく
歩き

制作スタッフ

取材・執筆・編集	八木純子　玉岡瑛子 松岡千恵　土屋武之 玉田あい子　平塚文子 山下仁美　岩田絵麻 （編集分室） 太田順子　高橋英子 （ピー・クリエイト） Ｐフレーム　ユイユキコ
編集協力	株式会社 千秋社 舟橋新作 髙砂雄吾(有限会社ハイフォン)
写真	尾上寧彦 杉田知佳子 池本 昇 辻村耕司 八木陽子 谷口紀子 山本直洋
カバーデザイン	寄藤文平＋鈴木千佳子(文平銀座)
イラスト （カバー＋てくちゃん）	鈴木千佳子
本文デザイン設計	浜名信次(BEACH)
地図制作	株式会社 千秋社
Special Thanks to	東近江市観光協会／奥びわ湖観光協会／休暇村近江八幡／滋賀県交通政策課／滋賀県観光物産情報センター／㈳びわこビジターズビューロー／京阪電気鉄道(株)／黒壁スクエア／琵琶湖汽船／琵琶湖博物館／各市町観光担当課

ブルーガイド　てくてく歩き 22
琵琶湖・近江路

2021年7月20日 第9版第1刷発行(B)

編 集	ブルーガイド編集部
発行者	岩野裕一
印刷・製本所	大日本印刷株式会社
DTP	株式会社 千秋社
発行所	株式会社 実業之日本社 〒107-0062 東京都港区南青山6-6-22 emergence 2
電話	編集・広告 03-6809-0473 販売 03-6809-0495 https://www.j-n.co.jp/